U0136499

平安，二二八

「二二八平安運動」源起於一九九〇年的「二二八平安禮拜」，
以「設身處地，感同身受」的「同理心」，
為台灣社會開展了「化苦難為祝福」的新局。

蘇南洲 等 著

平安，二二八

蘇南洲 等 著

出 版 者	雅歌出版社
發 行 人	蘇南洲
總 編 輯	彭海瑩
總 代 理	基文社
	台北市 106 羅斯福路 3 段 283 巷 29 弄 1 號 2 樓
	電話/886-2-2363-5616
	網址/www.cap.org.tw
	E-mail/cap@cap.org.tw
總 經 銷	財團法人基督教以琳書房
	台北市 106 忠孝東路 4 段 210 號 B1
	電話/886-2-2777-2560 ext 210
	傳真/886-2-2778-1011
	網址/www.elimbookstore.com.tw
	E-mail/joseph@elimbookstore.com.tw
一 般 書 店	吳氏圖書股份有限公司
經 銷	新北市中和區中正路 788 之 1 號 5 樓
	電話/886-2-3234-0036
登記證字號	行政院新聞局局版台業字第 3674 號
承 印 者	松霖印刷廠

初版／2017 年（民 106）2 月初版
年次／22 21 20 19 18 17
刷次／6 5 4 3 2 1

・版權所有・

國家圖書館出版品預行編目資料

平安，二二八／蘇南洲等著．-- 初版．-- 臺北市：
　雅歌，民 2017.02
　　面；　公分
　　ISBN 978-986-6927-36-2（平裝）

　1. 二二八事件

733.2913　　　　　　　　　　　　　　106002296

每本定價　NT$280
ISBN：978-986-6927-36-2
Printed in Taiwan

目錄

附錄

自序
設身處地，感同身受
——「二二八平安運動」之掀起

／蘇南洲

　　《平安，二二八》一書之集成，乃一九九○「二二八平安禮拜」前後，三十年來所積累出攸關「二二八平安運動」的相關論述。本書以《基督教與二二八》第二版為底，添加歷年來相關篇章，有初衷，有新意，有反思，有願景；企盼能為台灣的未來正道提供些許助益。

「二二八平安運動」的特色

　　這三十年來，「台灣研究」蔚為顯學，而其中「二二八研究」則是顯學中的顯學。基本上，「二二八研究」的論述大多集中在談一九四七年二二八事件前後的那場巨大的人倫悲劇，然後最多就帶到一九八七年起以推動「二二八和平日」為訴求的「二二八平反運動」為止。而一九九○年起，由「二二八平安禮拜」所掀起的「二二八平安運動」，組成以「二二八受難家屬」為主體的〈二二八受難家屬團契〉，並擴大為〈二二八關懷聯合會〉，所全面開展出真相、道歉、賠償、建碑建館、長期文教工作等五大訴求之所做所

為，則少有言詮。究其原委，實因當年熟知內情的參與者不多，加上有些人事也日漸凋零，未及顧全，誠為憾事。

「二二八平安運動」之所以有別於「二二八平反運動」，有幾個主要區分：

1.「二二八平安運動」不以對抗（confrontation）為主要訴求，而以柔性抗衡（soft encounter）為策略；

2.「二二八平安運動」以凝塑「二二八受難家屬」作主體，而非以政治抗爭者為主體；

3.「二二八平安運動」不以當政者為單一主訴目標，而以全民為主訴目標，特別是公共知識分子與中產階層；

4.「二二八平安運動」以國台語基督信仰群體（基督教＋天主教）為立足地，而遠離警民嚴重對立的拒馬陣仗；

5.「二二八平安運動」擴大為全民參與，特別廣邀文化藝術界投入（如一九九七年林懷民編演舞碼：《家族大合唱》、一九九四年蕭泰然作曲：《1947序曲》等，其他在文學、美術界的產出更不計其數），努力將二二八苦難被提煉成昇華的瑰寶。

二二八受難家屬的苦情誰人知

因為我曾經探訪全台二二八受難家屬近百位，深諳二二八家屬的苦情，二〇一四年有香港《突破書誌》四位同工來台專訪二二八處理經驗，以做為香港「雨傘運動」之借鏡，他們原本亟盼我能安排採訪二二八家屬，我答以「你們知道二二八家屬近七十年的苦情一旦被打翻，需要多少時日才收

拾得回去嗎？」這幾位香港記者才知難而退。中研院學者研究出二二八受難者約在兩萬上下之譜，那一、二、三代家屬加起來也有數十萬，至今還有家屬要求政府告訴他父親遇害之處，一解其七十年無處上香之懸苦；也有家屬說她「道歉」、「賠償」什麼都不要，只要有一個人可以讓她叫一聲「爸爸」，因為她一生都沒叫過「爸爸」，而她母親為她取名「餘香」。這類的悲苦不勝其數，連曾與我同行、善於勸慰的老牧師聽了都淚流不止，勸慰的話一句也說不出。

設身處地，感同身受

　　曾有一位深受陳能通（淡江中學校長，二二八受難者）之子陳穎奇長老照顧的牧者來請教我：「何以能推動『二二八平安運動』？」我簡單答了八個字：「設身處地，感同身受。」二二八受難家屬太苦，不能再承受任何苦痛，也不能再承擔任何風險，必須先建立起他們的主體性，讓他們走出長期陰暗的角落，撥開密佈的烏雲，重新邁向陽光的未來，不再專注於自己的傷痛。真盼望哪一天這些暗日的受苦者，都能成為啟動社會正向力量的光明使者，並以自己所承受過的苦痛經驗，引領所有在苦痛中的人也走出苦痛，進入光明。

　　走筆至此，雖然也過了這麼長久的歲月，但想起這些我此生有幸陪同二二八受難家屬，走過一段翻過暗黑山頭的天路，我還是忍不住為他們所曾受過的痛苦流淚，其中有些人已離開人世，有些也逐漸老化。二十幾年來的二二八前後，

我都躲著不露面，儘量保持心情平靜，低調地仿若我也是他們之中的一員，這是我的「設身處地，感同身受」。

林宗義博士的風範

實在沒想到，二十七年前我所發起的「二二八平安禮拜」，不過是一場小小的禮拜，根本無法承載多大的期待，若不是恩遇林宗義博士，以他世界級的視野，擘劃整個「二二八平安運動」的綱領，並以其超人的意志力與體力，拖著年過七旬的老邁身子，每月奔波於太平洋兩岸，連續數年，在一九九一至一九九八年間，每次與官方的斡旋／會議／抗衡，他若返台，必要我相隨應戰，他若未返台，必命我代理出戰，連續幾年下來，他真是累壞了，我也進了台大醫院接受開心大刀；在一次為我手書請託他時任台大副院長的晚生之醫療襄助時，他以「畏友」稱呼我，那真是太抬舉了，其實林博士才是我的「畏友」和「恩友」。

如今，林博士已回歸天家有年，而我欠二二八的文債，才要起步。這本《平安，二二八》算是「二二八平安運動」的第一本，再接著就是要儘速完成《二二八平安運動的信念與行動實錄》（書名暫定），將那八年間的所有奮鬥過程一一梳理，以供後進者參酌指正。

感謝這一段翻過暗黑山頭的一步一履，皆蒙上主保守，更願這一步一履的實錄將有益於斯士斯民，則台灣幸甚！

心靈的躍昇

• 基督信仰中的公義與愛願撫平二二八的歷史傷痛──〈平安禮拜〉現場。

• 林宗義博士與其父二二八受難者林茂生教授銅像合影。

• 蘇南洲（右一）與二二八受難家屬：李月美（右二）、廖德政（左二）、徐世通（左一）攝於〈二二八美展〉。

榮耀與平安

／蘇南洲

> 在至高之處，榮耀歸與上主；
> 在地上，平安歸與祂所喜悅的人。
>
> ——路加福音

　　對於近百萬戰後遷來台灣的家庭而言，每年的年夜飯曾是很難下嚥的，因為這一頓飯必定令人想起海峽彼岸不能團聚的親人骨肉，若是有長輩堅持要在飯桌上多放一張空椅子、多擺副碗筷，那就更讓人難過了；如此年復一年的經過了四十年，直到一九八七年開放大陸探親起，才稍得紓解。

　　濟南教會長老林宗義醫師的父親——台大文學院院長林茂生博士，在二二八事件中的一個夜晚，被人從睡夢中帶走，至今未返。我真不敢臆想他們家族這四十年來是怎麼吃年夜飯的；若確知人已不在世上，那也無可挽回，若還活著，總得留雙筷子存個盼望；擺或不擺盡是苦，像是無盡的夢魘啃噬著心靈，而黎明卻遙不可期。

在日據時期，許多本地的文化精英曾用日文寫出思念祖國的詩文；台灣光復時，台南地區的民眾曾拿著國旗、步行數十里至高雄碼頭迎接國軍。而二二八事件的發生，使得這些對祖國滿懷憧憬的人，從此墜入無盡的深淵，歷四十五年仍未得隻言片語的安慰。在這件台灣最大的歷史創傷上，我們所看到的盡是驚惶與冷漠；直到一九九〇年前後，隨著解嚴與社會的日漸開放，我們才對那些受創的心靈有些微的了解與接觸，根本還談不上撫平他們的傷痕。

「一九九〇平安禮拜」是繼一九八九年「關懷弱勢・聲援劉俠」研討祈禱會之後，〈曠野社〉同仁向上主及台灣人民獻上的一份小小心意，並在翁修恭與周聯華兩位牧師的全力支持下，向所有教會發出邀請，共同以信仰的立場，一方面對哺育我們超過四十年的台灣表達深切的認同，一方面也期望將二二八事件化咒詛為祝福；就像上帝將象徵死亡的十字架，化為復活的盼望一樣。

「平安禮拜」只是一個禮拜，不可能成就多大的歷史任務，而此次的主題定為「尊重人權・紀念二二八」，是因為我們既生養於台灣，自然得從認同台灣、參與台灣事務開

始，然後才有立足點談到其他的事；並非我們患了「島國狹心症」，只對本土的事有興趣，或者不懂得愛與饒恕，反要挑起歷史傷痕；相反地，當我們愈體會到基督信仰的普世性，愈確認信仰的實踐必得先根植於本土；也正因我們對愛與饒恕有熱切的盼望，所以要給自己一個被饒恕然後彼此相愛的機會 —— 而過去，我們從來沒有給過自己這麼一個機會。

再者，這是「平安禮拜」，而非「二二八追思禮拜」，只因為二二八讓我們多年來一直生活在「不平安」當中，想要脫離「不平安」的困境，只有透過真誠的面對、認錯、悔改，才配得饒恕與接納。多年來，由於我們的冷漠與曲解，的確造成受難的家屬與受驚的社會多重的傷害；為了求得真正的平安，我們必須首先面對二二八。而人類平安之根源，乃是來自我們所信仰的上主，只有求靠祂的大能，學習基督道成肉身的信仰實踐，我們才可能得享真正的平安；也只有在信仰裡面，才最有可能體現「愛、接納、饒恕」的真諦。

台灣社會正面臨歷史轉捩的關口，正是基督信仰最能發揮「止痛療傷、再造生機」的時刻，有賴所有基督徒挺身出來承擔這世代的苦難與責任；我們期盼透過這次的「二二八平安禮拜」及往後的同心祈禱與實際投入，能夠幫助我們的

國家早日建立成一個行公義、好憐憫、與上主同行的國度，也使類似二二八的事件永遠不再發生。

對生命、人權的尊重，本是基督教信仰的重要內涵，人的尊嚴與自由是上主所賦予，任何勢力無權加以侵奪；而基督降世也正是要「使被擄的得釋放，受壓迫的得自由」，既是如此，維護人權當是基督教責無旁貸的要務之一。

「在至高之處，榮耀歸與上主；在地上，平安歸與祂所喜悅的人」，這是每年聖誕節必被引用的一段經文，盼望透過此次「二二八平安禮拜」，能為當前日趨世俗化的「聖誕節」、「平安夜」提供一個信仰上的新視野，一洗過去「聖誕老公公」式的嘉年華會風格，而清心等待一個蒙上主所喜悅的新紀元之來臨；這樣，耶穌也就不枉來這世上一場了。

（本文原刊於《曠野雜誌》24 期，1990 年 11 ／ 12 月）

就是無法把頭撇過去

／蘇南洲

　　二二八事件的悲慘，實在不是這一輩年輕人所能瞭解的。記憶中只有父執輩在酒酣耳熱時才會略略提到，而隨即被姑姨們以極緊張恐懼的口氣說：「不要講！不要講！」而將之阻斷。故事之一是二二八事件後，有某校學生撿到一把手槍，拿到學校和好奇的同學把玩，無意間槍枝走火，打死一位同學。死者家長竟含淚默默埋葬，不敢聲張，為的是免得牽連到其他師長同學；故事之二是二二八事件後，官兵到處搜捕，稍有可疑者即不放過，先祖父只有將日人好友返國前所贈的珍藏寶刀以衣物捆包，在無星黑夜裡投下新店溪底，免得遭禍。像這樣並不太特殊的故事，竟然在數十年後一談起來便會引起極度的驚怖，實在令人費解，除非這背後還有更多、更大、更嚴重、更見不得天日的故事存在著。我們這些小輩是不明瞭前輩們的恐怖，但這恐怖也像瘟疫一般地傳染給了我們，好像身邊隨時有個惡靈存在，可怕得令人連講都不敢講。

───❦───

　　一九八九年長老會第一次公開舉行二二八追思禮拜，我

帶著祖籍湖南的妻及襁褓中的幼女參加，整個禮拜中我印象最深的是坐在樓上後排的幾位老人家，白髮蒼蒼，面色戚然，滿臉淚痕，似乎正在與那些多年未曾謀面的至親好友唔談；含著一股終其一生無以釋懷、既羞愧又怨懟的情愫……

也就在這段時期，才知道有陳永興醫師、鄭南榕先生、李勝雄律師等人，以極為堅毅的行動，讓二二八這個幽暗的禁忌第一次曬到陽光；為感佩其精神及勇氣，在一個下雨的晚上，登門採訪，並將陳醫師的故事刊載於《曠野雜誌》的〈傻瓜列傳〉（詳見《曠野》第九期）。

作為一個基督耶穌的信仰者，面對一九四七年所發生這段歷史上重大的慘劇，而這些受難人遺屬又都近在咫尺，我真不曉得這幾十年來，基督的教會是如何的將頭撇過去？而這幾十年來可曾對這些受苦受怕的心靈稍加慰安？如今竟由一位非信徒來執行醫療社會、伸張公義的任務！到底是耶穌基督放棄了祂的信徒？還是耶穌基督的信徒放棄了耶穌基督？

為台灣這個地方及人們求取平安，是作為基督信徒最基本的一點心意，「傳福音」應該不是指教勢的擴張，而是指整個社會真正平安的促成。然而平安的達成是共同創造的（co-creat），人與神之間的平安需要神的饒恕與接納，加上人的誠實與痛悔；人與人也是如此。平安是接納饒恕的愛與憂傷痛悔的心所合成的，沒有這些就沒有真平安，上主的公

義與慈愛也無法落實，教會萬萬不能成了與平安的福音無關的宗教俱樂部。

台灣多年來面臨諸多內外困境，若非擁有內心的真平安，否則就很難同心協力衝破難關，而其中不得平安最大的結可能在二二八，不管是本省籍或外省籍，大家都生活在二二八的陰影下，而基督徒應該率先捐棄省籍成見，攜手來到上主面前為台灣求取平安，求上主親自除去二二八陰影及白色恐怖，求上主加添力量帶領基督徒為台灣社會真正平安的到來，與天空掌權的惡靈爭戰。於是「一九九〇平安禮拜──尊重人權、紀念二二八」就在一九九〇年十二月八日假台北懷恩堂舉行了，靠著上主豐盛的恩典與憐憫，以卑微弱小的〈曠野社〉竟邀得六十多位國台語教會領袖，盡心竭力地參與整個籌備工作，甚至朝野兩黨的重量級人物也都全程參加，而這場極其敏感的歷史性聚會就在平安夜的歌聲及燭光中順利完成。由此台灣社會為二二八事件爭取公義和平的奮鬥史展開了新頁，而台灣教會與台灣社會共擔苦難的努力，也奠下了新的里程碑。

「二二八平安禮拜」只是一場禮拜，不可能成就太大的歷史任務，真正的成果仍有待持續的努力。就在一九九一年一月十三日的雨夜裡，十二位二二八受難家屬在〈曠野社〉

有了四十年來的第一次聚會，並決定成立〈二二八團契〉，
定期聚會，以集體力量為二二八屈死者伸張正義，並促使台
灣社會真正平安的早日來臨。

　　這一切的努力，不為政經利益，也不論歷史功過；不是
什麼高貴情操，也不是什麼偉大神學；只因為身為基督徒，
就無法在受苦的心靈面前，把頭撇過去；因為耶穌基督從未
撇下任何一個受苦的人，而這也正是世上平安到來的起步。

　　　　　　（本文原刊於《曠野雜誌》25 期，1991 年 1 ／ 2 月）

• 身為基督徒，無法在受苦的心靈面前，
把頭撇過去——蘇南洲在「平安禮拜」。

受難、清明、新生命

／蘇南洲

　　經過了四十四年的漫漫長夜，當年二二八受難者及其家屬終於得見曙光，雖然陽光尚未普照大地，但因政府當局的正視與具體承諾而重生的信心，已開始溶化冰封的底層陰霾，暗夜裡的淚向內流終於可以放聲嚎啕。幸哉！幸哉！台灣的子民。

苦難的試金火

　　苦難一直是人類的試金火，經過苦難，人性可能被扭曲成自私多疑，也可以昇華為尊貴崇高；可能被燒成灰燼，也可以被煉成精金；而旁人可能落井下石，也可以惻隱義助；在這世上唯有苦難對人性的考驗是極其嚴酷的，但相對的，苦難對人性的期許也是極其高貴的。二二八這場苦難延續了四十四年，亡者上萬，受牽連者無數，其子女則如痲瘋病患般，以遭槍決之「叛亂犯」的後代忍辱苟生，受盡就學就業甚至交友婚喪各方面的諸多干擾；這般苦難，了解其內情者，誰能不一掬同情之淚？然而二二八亦是台灣人民最大的試金火，特別是在清白得雪、心靈得慰之際，正是選擇化為灰燼抑或煉成精金的歷史性時刻。

不同的清明節

三月二日李總統接見林茂生之子林宗義博士，林博士乃七十年代海外台灣自決運動領袖之一，近年才得回台，至於在二二八期間得以返鄉，這是頭一回。三月四日李總統再度接見林宗義、郭勝華等七位受難家屬代表，並當面親口承諾可以推派受難家屬代表一人參加二二八專案小組，率先開放總統府檔案資料，並表明明年二二八必有完滿的答覆。這樣的開展，雖尚有待一一具體實現，但在今年的清明節掃墓時，已稍可告慰死難的先人；至於一些屍骨無回的受難家屬，也可以公開追思了。

二二八即是台灣的十字架

受難者是犧牲了，但如何犧牲得最有價值？受難家屬是得到同情了，但如何贏得最高的敬意？作為一個基督徒，是應該止於為基督討回公道呢？抑或應為基督發揚十字架精神？十字架原是懸掛死刑犯的刑具，代表著痛苦、恐怖、令人嫌惡，卻因基督的受苦至死，安慰了天下無數受苦的心靈；更因基督的死裡復活，勝過死與罪的權勢，為人類帶來永生的盼望。於是十字架從醜陋的刑具，變成上主的祝福與榮耀的象徵。台灣沒有十字架，卻有二二八，二二八便是台灣人歷史上最血腥的十字架；如何讓二二八化為台灣人由性靈深處升起的盼望，讓全世界看到台灣人在重大苦難之後，被煉成榮耀尊貴的生命情操；讓這世界能以台灣為榮、為盼

望；讓二二八如十字架般被重新豎起；讓上主的公義與和平行在地上如同行在天上——這是此際我們衷心期盼，也願踏實地一步步來促成的真平安。

浴火鳳凰的新生命

西諺有云：「在黑雲的邊上有一道金框」，當受難得以清明時，但盼黑雲散去後所展現的是一輪金色太陽。先人的死難若能為台灣社會換得浴火鳳凰般的新生命；二二八的無盡苦難，若能換得整個台灣社會的榮耀與盼望；二二八的受難家屬們若能從爭取公道與同情者，轉變成為台灣社會的付出關懷與重建者；看哪！那時整個台灣社會都要向受難者及其家屬致敬，而世界則要向台灣致敬！

（本文原刊於《曠野雜誌》26 期，1991 年 3 ／ 4 月）

〈二二八關懷聯合會〉的社會意義

／蘇南洲

　　四十四年來，台灣社會長期在二二八這類白色恐怖陰影的籠罩下，二千萬人的心性遭到強烈的曲扭，驚惶、猜疑、冷漠、自利……人民被迫走上追求物慾滿足之途，而一些珍貴的東西（如生命尊嚴、倫理價值、群我關係、國家認同等），就在缺乏終極關懷的國家機器強力摧殘下消滅殆盡。

　　人是不可以隨意被殺害的，尊重生命是不能打折扣的，這是一切公義是非的基點，若是上萬生命被殘害的苦難可以輕易忽略，那麼還有什麼事值得認真呢？另一方面，若是這麼大的罪過都能真正被弭平，那台灣社會邁向互信互愛的境界應該是指日可待的。

　　〈二二八關懷聯合會〉相關工作的推展，不只是以信仰之愛安慰遺屬受創的心靈，為亡者爭回清白，更是要讓這個社會祛除冷漠猜疑以臻互信互愛，當然也希望政府能主動率先提供政治力量，作為台灣社會和平的後盾。

　　〈二二八關懷聯合會〉的成立不只關乎二二八受難者及家屬，也關乎整個社會的公義與盼望，更是台灣社會心靈重建的起步，這樣的事不是少數人的專利，而是所有願將子孫留在台灣島嶼的人共同的責任——畢竟這裡是我們的家園！

　　　　（本文原刊於《二二八關懷雜誌》第 1 期，1991 年 4 月）

● 〈二二八關懷聯合會〉是由二二八關懷者與二二八受難家屬共同組成的。

夾在兩極化社會中的和平使

／蘇南洲

　　由於歷史性政治結構的嚴重扭曲，台灣社會長期浸泡在「槍桿子」、「金錢」、「權力」之類的「暴力產品」下，把一個原本應是純樸敦厚的民族，弄得人人必須擺出專橫霸道的面孔和手段，才能得到生存發展與再發展；即使是曾為正義理想而受苦受難的民主人士，往往到頭來也不得不青面獠牙起來。另一方面，既得利益者尸位素餐一輩子，還可以恬不知恥、大搖大擺地到處吃香喝辣，稍不順心就祭起「法律和鐵馬」鎮壓人。而廣大善良勤奮的人民，就夾在這種「保守暴力」與「激進暴力」的兩極中喘息、逐漸被吞噬，而溫和理性改革的空間都被「奇檬子」掉。

———⁂———

　　自去年推動「二二八平安禮拜」以來，才逐漸瞭解實踐「為台灣求平安」的小小心禱竟是那樣艱辛，為了讓二二八受難家屬彼此關懷而成立了「二二八團契」（〈二二八關懷聯合會〉前身）；為喚起天主教對本土社會的關懷、參與，而協辦了「二二八和平彌撒」及兩場相關座談會；為了四一七遊行的和平，而聯絡宗教界發表和平聲明，並深夜偕翁修

恭牧師、簡啟聰主教、王敬弘神父、李勝雄律師趕往西華飯店的談判會場外，以祈禱來托住和平；為了反白色恐怖，而在五二○大遊行前夕與天主教聯手辦了「五一九公義和平禁食祈禱會」；最近又為了「陳婉真案」免於悲劇，陪同高俊明牧師、陳福住牧師前往司法院協商，力主「司法是為人服務，其價值不應高過生命尊嚴」、「司法要公正，不可選擇性執法」。這一切努力，對現今波譎雲詭的政治、社會局面而言，或許談不上什麼貢獻，但實在是出於信仰的反省及宗教對社會的關懷、承擔；雖然其敏感無庸多言，也唯有堅持一份出自信仰的堅毅，才能自持進退分寸。衷心期盼的，無非是以信仰之赤忱及關愛吾土吾民的胸懷，為兩極化的台灣社會謀得更大的和諧。

今天擺在眼前的似乎是一個「非朱即墨」、「不是同志便是敵人」、「從沒有講話的自由轉成沒有不講話的自由」的人性叢林；為了敵友分明，雞兔不同籠，誰對誰都不信任，於是製造了許多「標籤」、「身段」等形式教條來區別定位。其實歷史的行進豈是如許粗糙？人性的分野又何嘗是可以這麼容易類型化的（如血型）？我們真正該問的是：誰在為理念、為和平、為人民的最大福祉全力以赴，而不是去問誰的標籤較名牌、誰的身段較清楚──這些標籤、身段只會堵住前進之路。在「教會」那部電影的結尾，所留下的問號是「應該拿十字架還是拿槍？」其實這都是身段，該問的

是「如何為人民做出貢獻？」

————⚜————

　　在這外力壓擠、內部矛盾的社會中，和平的盼望實在是憑信心而不是憑理智產生的，但宗教信仰若是再不出來使力或再使不上力，豈不如同一個身懷五千兩銀子，卻埋金於地、又惡又懶的僕人，將來如何見主之面？若是宗教信仰不能在風雨中堅毅地勇於承擔苦難，反而「西瓜靠大邊」或「明哲保身」，我們又將指望如何免於兩極暴力的悲劇呢？

　　　　　　　　（本文原刊於《曠野雜誌》28 期，1991 年 7／8 月）

• 〈二二八受難家屬團契〉的定期聚會。這是台灣第一個以「二二八受難家屬」為主體的團體。

失色的康乃馨

／蘇南洲

　　每年母親節，政府及民間社團都會舉辦一些表揚母愛的活動，而百貨公司、餐廳等商家也會適時促銷一番；畢竟這是一個感念親情、愛與溫馨的日子！

　　由於參與二二八關懷工作，讓我對台灣母性的偉大有著更深一層的體會，在四十四年前的那場浩劫當中，上萬的母親必須一面挑起家庭生計，一面尋回丈夫的下落及清白，還得一面撫育慰安每天哭著放學的稚兒——因為他們上學時，常被老師同學以「叛亂犯的兒子、共產黨的兒子、漢奸的兒子、賣國賊的兒子……」種種惡毒狠話爭相欺凌；而所有的親朋好友都如遇痲瘋病般地避之猶恐不及，甚至落井下石借機侵奪家產。這般忍辱負重的十字架絕不輕省，而上萬的家庭就在這些無名的母親近乎孤絕的踽踽攜扶下一一長成。回首這一萬六千多個日子，真是情何以堪！

　　今年母親節前夕，很高興看到音樂界發起「天籟關懷音樂會——獻給二二八受苦的母親」全省巡迴義演，這些母親們首度被公開紀念；這樣的安慰雖然遲了、慢了，但畢竟有

了開始，不足之處且有待社會各界的急起追補。

　　在我們感念自己的母親，也感念二二八受苦的母親之同時，亦無法不特別感念這幾天因獨台案被捕的幾位青年的母親；她們一手撫育成人的乖巧兒女、師長眼中的優秀學生，如今卻在證據不足的情況下，成了政治鬥爭下的祭品。我們對過往二二八受苦的母親尚且知道感念，又何忍看到新的受苦的母親再被製造——特別是被可怕的政治所製造。

　　在這多事悲情的島上，人民原本應有權利享受每一個安詳和樂的母親節，每一個母親有權利享受子女由衷的禮讚；這種權利不應受到任何政治的及非政治的理由來加以剝奪，如果過去沒有，今天應該彌補，但今天不能再繼續沒有——如果台灣真要做為一個可以讓後世子孫安身立命之所。

　　台灣不應是過客的旅店，正如母親不是子女的托嬰保母一般，獻給母親的康乃馨要想紅得亮麗璀璨，必須做子女的以心靈和行動來護持它；獻給台灣的平安禮讚要想得成全，也必須所有台灣人民以心靈和行動來用心護持。

　　今年母親節的康乃馨是失色了些，這是我們極不願意看到的，增色都來不及了，怎忍再讓它失色呢？即使母親們得不到應有的禮讚，至少不應再陷於失去子女的恐懼中，願上主憐憫天下母親們！

（本文原刊於《曠野雜誌》27 期，1991 年 5 ／ 6 月）

但願人長久‧千里共嬋娟

／蘇南洲

　　多年以來，月圓月缺，花謝花開，在上萬二二八受難家屬的心目中，最難忘懷的人便是在二二八事件當中失去的父兄至親，特別是那些連屍骨都沒回來的。早些年，或許他們明知希望渺茫，但總還盼著有團聚的一天；這些年，大部分家屬都已年過半百，早期的盼望、怨懟，如今只剩得尋求一個真相——一個親人活生生被帶出家門，到死亡或失蹤的過程及原因。即便是要求賠償，也不過是藉著賠償的要求來向政府尋求一個公道。其實任何賠償也彌補不了失去父愛的損失，然而至今官方檔案仍不肯公開，政府賠償更是遙不可及，而年初官方所談的「二二八紀念碑」恐怕最後會落得變成一座官式的「人道恩賜碑」敷衍了事。而年華就在無盡的等待中逐漸消逝，如今二二八受苦的母親們（即受難者之妻）也已紛紛凋零，尚在人世者或不過百，然而堅毅地等待仍是她們唯一的抉擇，至死不渝。

　　是什麼樣的天譴要這樣苦毒這些人的心身一輩子？究竟林茂生、陳澄波、張七郎……這些先賢犯下什麼滔天大罪，

以致必須抵命再押上子孫半世紀的夢魘折磨？若是無辜，又是何等惡靈能殘害生靈且讓千萬人噤若寒蟬四十年？悲憐台灣的人民，四百年來被人賣進賣出，始終逃不出宿命的桎梏，而二二八受難者及家屬毋寧是台灣人苦難的典型之一而已！

多虧一些正義之士出來挺身奔走，二二八受難家屬及社會關懷者終於在今年八月三日假濟南教會成立了〈二二八關懷聯合會〉，正式開始以團體的方式，要在台灣這片充滿荊棘的土地上走出公義和平的道路來。這是一條十分艱難崎嶇的路，要以二二八先賢的血及家屬半世紀的苦難，為台灣換得祝福喜悅的新生命。

若果二二八的陰影能透過家屬及關懷者，以堅忍負重的行動加以除盡，這不只是二二八家屬之福，也為台灣如麻的種種困難帶來突破的指望。但這必須是這些二二八遺族長保康泰，才能集中全體力量來走這條可能耗時一年、三年、五年、十年甚至三十年的路，也必須社會上眾多關懷者鼎力助他們一臂之力，才好讓這個社會在彼此關懷中得以成長。

今年的中秋夜適逢颱風，人不圓月也不圓，但盼二二八問題得到全面解決的那年中秋夜，遺族都健在，得以共嬋娟。

（本文原刊於《二二八關懷雜誌》第 3 期，1991 年 9 月）

心靈的躍昇

——「二二八平安禮拜」一年有感

／蘇南洲

　　一年多以前，由於某些司法事件的發生，深感作為社會最後防線的司法可能潰決，身為一個小小的基督徒，只有期諸於信仰精神力量的發揮；於是在〈曠野社〉朋友的激勵下，在去年十二月八日結合六十多位牧長，共同舉辦了「一九九〇平安禮拜——尊重人權、紀念二二八」。這項全然出自於一份宗教感動所催逼出來的行動，沒想到牽動了整個台灣政治與社會的脈絡，不但引發天主教與佛教界的跟進，也同時催化了長久以來二二八運動的成熟，再加上「二二八受難家屬團契」的組成，在日後蛻化成今天的〈二二八關懷聯合會〉，為整個台灣歷史開拓出相當寬闊的視野，也創造出台灣社會公義與和平的契機，這一切實在都是蒙了上主的憐憫。

　　然而，隨著社會劇變的腳步、層出不窮的政治改革運動，使這份原本單純的宗教關懷，有時不得不被迫做出某些超過能力範圍的政治表態，甚至被扯進無謂的鬥爭與是非當

中；就算是捫心自問無愧於上主，也很難永持清淨於人間。

　　作為一個台灣人、一個關懷社會的基督徒，有幸陪二二八家屬走過這段黎明前的道路，是上主的恩寵，這一年來所受各方賢達的指教更勝讀十年書；然而基督徒行事為人終究必須出於信仰、忠於信仰也歸於信仰，在動極思靜之際，似乎看到真正能造福台灣社會的，應是更長期、更深邃也更沉潛的教育性與文化性工作；雖然那是一條較耗時、較孤寂也較艱鉅的路，但畢竟上主所量給每個人的不一樣，每個階段也不一樣，所有聚散何嘗不都是帶著上主純全可喜的美意。

　　過去這段時間常有朋友問起統獨問題，我總是求問聖經而不得其解，許多第三世界國家獨立，卻陷在內戰、飢餓及社會不義中；許多國家是統一了，卻也陷在內戰、飢餓及社會不義中。統獨兩者都可能幸，也都可能不幸，問題在於如何統又如何獨，換句話說，統獨必須以民主、人權、自決等合於人性尊嚴的和平方式為前提，才能產生正面意義。然而這條路似乎還好長好長。

　　在淺碟式的台灣社會文化中，若是缺乏深化向度的精神力量，來護持心靈的成長、茁壯，任何改革將可能只有慘敗與慘勝的區別；社會資源的總生產能量只有在爭奪中逐漸衰敗、歷史的格局與視野只有越縮越小。反之，若是在一番大

反省中，朝向整體性、結構性、系統性、超越性、建設性的
教育文化精神事業投資，或許假以時日尚有機會來為台灣破
碎的心靈再造生機，提供有價值的思想信念與歷史行動，使
整個台灣社會脫離種種不合理的結構與制度之捆綁；而這一
切，若非秉持極其堅毅的宗教性心靈，在風雨長夜的台灣歷
史中，是不可能挺進的，願上主引導我們前行。

（本文原刊於《曠野雜誌》30 期，1991 年 11 ／ 12 月）

• 〈二二八關懷聯合會〉在「二二八平安禮拜」次年成立。

苦難的母親請保重

／蘇南洲

　　打從前年發起「二二八平安禮拜」以來，朋友們早已厭煩我每言必曰二二八；的確在這件極耗心神的社會工程中，所需投入的心力遠超過原本所預期的；且不論是建立辦公室、籌款、辦活動、搞文宣這些外在的事務性工作，也不論與朝野各界斡旋等敏感的政治性工作，都是以建築設計為業的我極不嫺熟的。然而，單就這一年多來所接觸百來位家屬所帶來內中的波波激盪，連以牧人為志業的翁修恭牧師都難免掩面而泣，更何況只是平信徒的我其心情之負荷了。

　　由於歷史的機緣與推撞，我受聘於〈二二八關懷聯合會〉，這是不能推卸的殊遇。有一位李瑞漢律師的遺孀李邱己妹女士，邀我和她的子女一同在她丈夫離家的特別日子裡，吃一碗她丈夫離家前吃了一半的魷魚粥——這位八十四歲的老婆婆每年在這一天親手做粥給全家吃，為的是紀念四十五年前被陳儀長官召去的律師丈夫，而我是第一個嚐到這粥的外人。那頓午餐真是吃得百味雜陳，端著碗好像捧著珠玉寶石那般惶恐戰兢，畢竟這是人家半輩子的心情，而今信

任地開放給一個後生小輩，我所受之於這家人的，實在不是我所配得的。

———∿∿———

在二二八事件中受難的大都是父親，然而走過生離死別的煎熬、吃最多苦的卻是母親。遠在一九四七年那時，百業待興，民生困難，一個失去丈夫、拖著群小的女性，在所有親友因著懼怕沾惹政治恐怖而相偕走避的情境下，一方面要盡力救人尋屍，一方面還要獨擔家計；不但要暗吞苦楚，還得強打精神鼓勵每天遭老師同學以「叛亂犯的兒子」、「你爸爸被槍斃了」作為題材戲弄、哭著放學的孩子繼續上學（有的孩子就因此不願就學甚至發瘋了），如今這些在絕境中挺立過來的母親都只有一個心願──這款代誌不要再發生了。偉哉！大柔至剛的台灣母親，這塊血流之地的人間瑰寶！

由於建築本業需要歸隊，也由於承擔不起眾家屬的高度期待，雖曾三度請辭未果卻一路顛撲過來，總算今年二二八系列活動「二二八紀念音樂會」即將在國家音樂廳演出，「陳澄波畫展」也得以在台北市美術館展出，各界都一一跨出掃除陰影的步伐。回想一年前辦「平安禮拜」時各界的緊張觀望、家屬的畏懼，簡直恍如隔世；而能有機會陪家屬走過黎明前的這段路，實在何其有幸！

———∽◆∽———

　　當初以一個基督徒的身分，發心為台灣社會略盡服事，效法耶穌將十字架從釘政治犯的刑具化為上主對人類至上的祝福，成為一個生命重建的象徵，而視二二八為在台灣跟隨耶穌的人之十字架，也願將其轉化成台灣社會蒙福的印記，承上主的憐憫，這一年來，「二二八平安運動」的確往和解寬慰的向度跨出大步，然而更深切地體會到台灣人性被扭曲的嚴重程度，實在與出黑暗入光明之際尚有極大的距離。這條路，必須靠更多更多有心的人，貢獻更多更多的力量，也需要上主的憐憫與奇妙的引領，才有可能竟功。

　　台灣社會的重建，這是有心將子孫託負給這塊島地的人共同的關注，然而過度的類似統獨意識之政治糾結是否必要？過重的情感承載量對於從事社會規畫的專業工作是否有益？這些問題都是受過專業訓練的人不能不仔細思量的。為了二二八的意義能夠深化至宗教、文化、藝術各層面，而不是滯留在政治及歷史上打轉；為了這塊用二二八先烈鮮血所灌溉的田地，能夠結出更豐盛的果子，我來自宗教與文化，亦當回歸宗教與文化再重新出發。二二八苦難的母親們請善自珍重，願上主常與您們同在，賜您們平安與健康！

　　　　　　　　　——寫於一九九二年一月十三日

　　　　　〈二二八受難家屬團契〉成立一周年的夜晚

　　　　（本文原刊於《二二八關懷雜誌》，1992 年 2 月）

告別埃及的肉鍋
──為台灣主體文化自覺催生

/蘇南洲

　　俗話說：「人過中年，就得為自己的容貌負責」；這是說，剛出生時人的面貌的確遺傳自父母，但歷經人生的幾番風雨、悲歡離合後，就不能再一味委諸父母了。

　　台灣四百年來，經過荷西、明鄭、滿清、日本及國府的統治，其面貌一直是別人賦予的，換多了，自己也不太在乎面目究竟如何。就文化而言，台灣始終就是卑微地以殖民地式的邊陲附庸自視。這些母文化本身固然都有其優點，但問題是不能老是拾人牙慧長不大。然而想擁有自己的一片天空談何容易，特別是想發展出有別於統治階層意識形態的文化特色，往往有相當的冒險性在其中，稍有不慎還可能害己害人。要做這種開路先鋒，說起來還真得靠一些「理想」、「信仰」、「使命」之類的超然精神力量，方有可能以「千萬人吾往矣」的勇氣、毅力，持續耕耘出一點成果來。

───※───

　　由於宗教信仰特有的屬性，每每提供世人超越生死界

限，看透紅塵名利等之人生價值觀，或曰入世、或曰出世，並無時不對在世人生做出道德規範；小自惜物惜福，大至政治人權，這種不畏生死的特殊性，實足以衝破任何政治現實的支配力，並成為人性自覺、文化再造的不朽基石。

以基督教為例，耶穌曾說祂是為要叫「被擄的得釋放」而來的，祂祝福「為義受逼迫的」；雖然祂的國度不在這世上，並堅拒擔任「以色列復國的彌賽亞」而使群眾由失望轉為仇恨，最後被冠以「猶太人的王」為名釘死在十字架上。這種入世而又超越現實的「神學」或「人觀」，一旦被信仰者以「道成肉身」的方式，用「自己的手、自己的腳」一步步地實踐出來時，便成為千餘年來撼動人類最強烈的震源，不但成就了世界最龐大的宗教事業，亦成為建構西方文化乃至人類文明的主力之一。

回到這片承載著二千萬人命運的美麗島，特殊的歷史脈絡及地理區位所構成極其豐富而複雜的台灣社會，這種似中國、似日本、似美國又非中國、非日本、非美國的海洋文化，四百年來在不同的統治者殖民文化強力壓塑下，台灣人民逐漸覺悟到，作為任何強勢文化的邊陲附庸，並無法為後代子孫開創出具主體性之台灣文化的契機；於是「台灣研究」在這幾年間成為學院主流，各學門的民間學者亦開始在學術文化市場中占有一席之地；然而在這些蓬勃現象的背後，仍都隱藏著受到政治現實強力制約的無力感，往往落得

熱心有餘、堅毅不足。和以往相較，其貢獻固然令人欣喜；向前看，則深知距離開創出一片出頭天，仍是一段迢遙路。

作為一名小小的基督徒，深深期盼每一個基督的跟隨者都能以「道成肉身」的十字架精神，以出世的打算來從事入世的事工，無論是在「總統直選」、「反核四」、「人本教育」、「二二八」⋯⋯等各樣問題上，都能將其看成是上主國度的實踐地，化苦難為祝福、化仇恨為和諧、使被擄的奴隸成為尊貴榮耀的自由人，用「自己的手、自己的腳」為後代子孫開創出「自己的文化」來。或許眼前是一片曠野（沒有道路，沒有綠洲），後面是紅海，然而既告別埃及的肉鍋，決意走上一條脫離奴役的自由之路，白晝自有雲柱，夜晚自有天星在引導我們這二千萬人共同的命運，邁向那蜜奶的迦南美地——這是上主應許賜給那肯走十字架道路、肯戴荊棘冠冕的族群無上的恩寵。

（本文原刊於《曠野雜誌》32 期，1992 年 3 ／ 4 月）

省籍和諧・族群融合

／蘇南洲

　　或者是幸或者是不幸，現在居住於台灣島上的這二千萬人，共同生活了近半世紀，無論原本來自何方，照理說應是有緣有情；然而遺憾的是，最近每遇政治風波，就有人拿出省籍問題來鬥得你死我活，好像非得弄得連最後一點情義都蕩然無存才肯罷休。如此下去即使分出勝負，充其量只是「慘敗」與「慘勝」的差別而已。

　　漢人在台灣入清國版圖後，即以移民背景區分為泉、漳、閩、客等不同族群；中國八年抗日以四川為大後方，當時四川人也把本地、外地人區分為「上江人」、「下江人」；而早在中山先生建立民國、倡議五族共和之前，則是以「驅除韃虜」的號召來統一漢族戰線。其實這些省籍、族群的分化，說起來不過是為了方便進行政治或經濟的爭鬥，甚至軍事行動的心理鋪路，難道我們百年來甚至千年來所經歷的戰亂磨難還不夠嗎？

　　內政部曾統計出全台灣住民中，台灣人占 70%、客家人占 13%、外省人占 15%，其餘不到 2%是原住民，這個數據

基本上僅具統計學的意義，充其量也只代表褊狹的父系價值取向而已，並不具任何現代社會實質的意義。試問誰的家庭若非上一代中有不同的省籍（或族群）通婚，便是這一代通婚，否則下一代也可能會通婚；三代都是「純種」的家族又有幾多？而「純種」的家族又有何驕人之處呢？

我的父親出生在日本帝國殖民地的台灣，從小拿的是日本國的身分證，他沒有錯（如果有錯，也是李鴻章的錯）；我的岳父來自洞庭湖畔，他也沒有錯。一枝草一點露，每個人都有他堂堂正正過日子的權利，絕不能因其出生的時間與地點而遭到任何屈辱或歧視。特別對基督的信仰者而言，我們看人當看作是「有上主的形像，滿有尊貴與榮耀的冠冕。」而不是「外省人」或「本省人」。

近來政爭較多，也許是政治威權解構現象（包括解除戒嚴）的自然產物，然而若拿省籍、族群的矛盾來正當化其政治企圖，實在是以二千萬住民和諧融合的前途來做墊背的卑劣行徑。兩年多前，宗教界為省籍和諧、族群融合聯手舉辦「二二八平安禮拜」，就是希望透過二二八平安的實現，為台灣命運共同體的未來奠下美好的基石；如今二二八公道尚未落實，省籍問題卻一再被拿來做政治鬥爭的工具，實在令人遺憾之餘更感憂心。

省籍和諧、族群融合的精義，首在相互尊重、欣賞與協力，讓每一個不同省籍族群的人都得以充分認識其母文化、

語言，並相互學習不同的文化、語言；所以因地制宜的雙語
或多語教學、人文教育的地方化（或本土化）、各母文化的
保存及推展等非政治性的深化基層政策，應是最基本可行的
方法。台灣本是海洋文化的島嶼，百年來浸潤於中國、日本
及歐美文化之中，取其精華所孕育而成的台灣文化，早已非
「純種」的中華文化（事實上，何處又有「純種」的中華文
化呢？）如果我們能吸取各個族群的文化精華，進一步孕育
出更優美的文化，豈不是一項真正的驕傲？（其實優美的文
化本身即蘊含相互尊重欣賞的文化觀。）

　　政治上的執政或在野、台灣前途的或統或獨，都是可以
憑個人立場的論爭，若以和平理性的方式應可為之。然而省
籍和諧、族群融合乃是干係著二千萬住民及子子孫孫的共同
生存權利；因此不僅是宗教界應挺身維護，所有上一代、這
一代及下一代不同省籍（族群）通婚者，亦應挺身而出大聲
說：「不要以分化我們做為政爭工具，我們早已是共榮共枯
的一家人了！」

（本文原刊於《曠野雜誌》37 期，1993 年 2 月）

基督徒社會關懷之一段心路

／蘇南洲

　　去年有位頗具盛名的福音派神學院教授曾透過內人輾轉詢問：「蘇弟兄這麼關心二二八，是不是他家有人在二二八事件中遇難？」內人當時很詫異地直接回覆說：「沒有」，結果那位教授以相當複雜的神態說：「哦！那他為什麼要花那麼多心力參與二二八呢？」後來內人帶著受傷的口氣回來述說這件事，我聽了感慨萬千，不禁脫口而出：「如果照他的神學推論，那麼耶穌家裡一定有人當妓女。」

　　這些年來，台灣面臨關鍵性的轉變，而我個人由於心儀許多屬靈前輩如矢內原忠雄、潘霍華、德蕾莎修女等人的風範，在信仰內在動力的催逼之下，參與了相當廣泛的社會關懷行動。初時因台灣教會久蟄於戒嚴體制的陰影之下，又習於中產階級的保守意識形態，難免惹來幾分異樣的眼光，雖不致被打入異端，但也曾遭二個委託代理發行《曠野》且自命正統的福音機構片面中止履行合約義務，以致曾有一段時期《曠野》無法定期放在基督教書房的雜誌架上，喪失了結識更多優秀的當代基督徒的機會。

　　我一直認為基督教之所以能夠廣傳天下，乃是因為這份信仰有益於人類社會及心靈，更直接地說，就是二千年來許多基督信仰者致力於熱心服務人群，甚至為了真理正義不惜奉獻生命，才有了今天的局面。簡單地說，就是基督徒對社會有出自信仰的貢獻，是社會的正面力量、黑暗中的明燈。人家自私，我卻捨己；人人為己，我為人人；這是耶穌上十字架的道理，要做基督徒的人亦當如此。

　　許多基督徒都知道韓國基督教（包括天主教）很興旺，常組團到韓國參觀考察，好讓台灣的基督教也興旺一些；這其中很多人舉出了不少理由，以致上主特別祝福韓國教會，卻很少人提及當年韓國反抗日本暴政、全民起義的時候，染紅漢江血有一半是基督徒身上流出來的。在韓國走向民主自決尊嚴國格的道路上，韓國基督徒的巨大貢獻是無法忽視的歷史事實；韓國基督教之所以興旺，應該是奠基在這麼堅固的歷史與社會基礎上，台灣教會卻因戒嚴心態或昧於歷史與社會，絕少提及此一重點。

　　基督徒都知道「在至高之處榮耀歸與上主，在地上平安歸與祂所喜悅的人」，平安與榮耀誰不想要，然而若是無人同擔苦難，人間會有平安嗎？今天許多人胸前佩掛十字架以為蒙福之物，孰知十字架之所以為蒙福之物，乃是耶穌和祂的追隨者，以生命去化苦難咒詛為祝福，拿自己做活祭去見證公義與愛的真理。如今世人只取結果不問耕耘，還口稱是

基督的追隨者，豈不反倒羞辱了上主的名？

　　常聞有人論到時事，多為亂世偏安之議，台灣基督徒占全台人口 2%，每年移民國外的，卻有 10% 是基督徒，莫非基督徒腳長、本事大、走得比別人快？或較無意與此地人民共患難？若說亂世，自古至今何時非亂世？基督徒當在社會的殘缺中，看到自己的責任；使徒彼得自求倒釘十字架的典範，值得基督徒重新反省（當年兵荒馬亂，彼得以保全教會命脈為堂皇理由一度逃亡，後因與主相遇而羞愧轉身回去殉難）。社會有殘缺，才需要心中有愛的基督徒，社會黑暗代表著人心飢渴，才需要有真理做明燈；在如此關鍵時刻，基督徒棄天職他去，真白受了五千兩的恩典。

　　《曠野》殘延七載已是上主憐憫，如此弱軀若堪主用，乃盼基於過去參與關懷二二八、雛妓防治、乾淨選舉、死刑存廢等經驗，展開全面性之心靈重建、倫理重建、社會重建等工程計畫，以一系列行動來促成全台甚至人類真正平安的早日到來。《曠野》願以這些年的小小累積作為拋磚引玉，懇請基督徒各界賢達鼎力大助，在今年夏秋之際先聚合成立「台灣基督徒社會重建聯盟」，再於明年成立「平安基金會」，以畢生之力致力於散播平安於人間的使命。

（本文原刊於《曠野雜誌》43 期，1993 年 7 月）

以基督信仰入世精神貼近苦難的胸膛

／蘇南洲

信仰貴在勇於面對苦難

對於財富、健康、成功等相關成就的追求，原是人類本性之一，漢民族幾千年來更是最忠實的信徒，尤其是求神問卜的民間宗教，談來談去不外是一個「利」字。縱有「情義」，也是「小情小義」、「無情無義」；所謂「移孝作忠」，忠的對象也是君王而非社稷人民；所謂「大義滅親」更是違反人性的歷史標本，神話之屬而已。

以漢人這個極其現實的民族，能夠接受基督教這個傻瓜才相信的宗教實在是很怪異的，怎麼可能把祝福留給那些「為義受逼迫的」、「哀慟的」、「勞苦擔重擔的」，還要去「與哀哭的人一同哀哭」（與弱勢者站在一起），簡直是癡人說夢話。除非把耶穌打扮成有求必應的媽祖或專發禮物的聖誕老人，否則誰會去要那個不吉利的十字架上受盡凌辱而冤死的耶穌呢？

其實一個人之所以可貴可敬，絕不在於他光鮮的衣著及其所表徵的權勢地位；同理，一個社會或民族之所以可貴可敬，亦不在其錢是否淹腳目。人若能在經歷徹骨風霜之後依

然芬芳如昔，一個社會若能經歷大苦難仍能從廢墟中重建壯大，他們才是真正配得尊榮的。

基督教說：「苦難乃是隱藏的祝福」，其精義正是如此，而基督信仰亦貴在能助人勇於面對苦難。

漢民族是全世界經歷苦難最多的民族之一，幾千年的滄桑，便是一部苦難史，也是斯土黎民每隔幾年就被苦難翻耕一番的一再重複。苦難臨到有如一把烈火，不能燒出精金便是燒成灰燼，不能化成高貴便是現出鄙陋。可惜漢民族被苦難燒來燒去始終赤貧還是赤貧（充其量只是物質和心靈的差別），絕少從苦難中燒出一些足以讓民族再生的勇氣與智慧來。不論是早年的打殺，還是近代的八年抗日、國共內戰，或者是南京慘案、二二八慘案，以至六四慘案。若是打殺不下去了，就乾脆一股腦忘掉算了，很少想從苦難中找到一些殷鑑來防止下一次苦難的發生，更少能以苦難作為養料來孕育成春綠新芽。

十字架之路——從苦難到祝福

十字架本是極為不吉利之物，是凌虐政治犯而滴血至死的恐怖刑具，今人不知，竟以為美做成項鏈懸於胸前示人，而無人以為怪。何以如此？十字架本是統治以色列的羅馬人發明的刑具，新約聖徒無不以「政治狂」罪名在十字架上受死，然而自從耶穌把自己送上十字架而成就了「無罪羔羊承擔世人罪孽」的志業之後，十字架就從咒詛的地位蛻化成榮耀與祝福（彼得自認偷生而不配，自請倒釘十字架而死）。

其實對人類的苦難，造物主從未置身度外，耶穌一生本是為赴一場曠世的生死宴。而為承擔世人苦難走上十字架道路的義行，正是人類獲得新生祝福的不二法門。基督如此，跟隨祂的人亦當如此。

台灣族群的十字架——二二八

對台灣的基督徒而言，了解二千年前的十字架故事，進一步的目的是為取其精義，而放入此時此地的歷史與社會脈絡中來實踐（其實了解基督教和耶穌行止最重要的不在研究而在實踐），然而什麼是台灣的十字架（相信有很多，如果你用心去找的話）？四年前，我找到了「二二八」這個不能談、不能碰、比痲瘋病或 AIDS 還令人恐懼的東西，然而當我深入了解二二八的苦難之後，「與哀哭的人一同哀哭」的聖經教導，使我實在不忍將頭撇過去。於是懇邀六十餘位教會領袖，舉辦了一場「二二八平安禮拜」，期能撫平歷史傷痕，共創美好未來。結果卻換來親友走避、無謂的政治攻訐不斷，但仍以一粒芥菜種般的信心，為二二八受難家屬組織〈二二八受難家屬團契〉，並在上主憐憫下成立了〈二二八關懷聯合會〉。在陪同受難家屬走出這段黎明前黑暗路的上千個日子中，幾度灰心喪志，甚至要學主在客西馬尼園的禱告：「若是可行，求讓這苦杯離開我。」然而除非不再立志跟隨耶穌，否則我是沒有選擇餘地的；除非苦難已成祝福，已擺上去的我是不能撤下來的。十字架本不是讓人掛在胸前，而是要讓人把自己掛上去，不見苦難化為祝福，至死方

休的。

目前「二二八紀念碑」的建立已指日可待，但要想真正化苦難為祝福，更要進一步以二二八苦難作為台灣社會心靈重建的基石，族群人格復原的起點。具體的做法是以二二八在政治、經濟、教育甚至藝術等層面的意涵，作為推動台灣主體文化重建、心靈重建及社會重建的基礎。這是需要大智慧、大勇氣的大工程，應只有深化省思才能由這片血地中提煉出曠世的智慧與勇氣來。

台灣的苦難自然不只是二二八，我們所當關心的也不只是過去的苦難。上主賦予每位追隨者的十字架必不盡相同，然而若能抓住十字架化苦難為祝福的精義，並把自己投身其中，相信上主所賜的美善國度就在不遠之處了。

（本文原刊於《觀察雙周刊》創刊號，1994 年 2 月 28 日）

• 〈二二八關懷聯合會〉執行長蘇南洲應邀赴美衛鄉教會分享
　二二八事工之推動。

從台北市競圖談二二八紀念碑空間意象之社會實踐

／蘇南洲

　　在台灣，從來沒有一座建築像二二八紀念碑一樣，以這麼複雜而特殊的方式被打造出來，即使在全球的歷史中亦不多見。由於歷史與政治的特殊性，二二八紀念碑的空間意義一直是一件十分難解的圖騰，其他國家的紀念建築往往是在其社會與政治意義已經確定的環境中被生產出來，而我們的二二八紀念碑卻是在一個真實的政治與社會現實多方衝突的過程中被催化而建構起來的，社會尚在熱騰騰地談論一些有關二二八的議題，各方的論述尚在萌芽，各個主體還在尋找自我定位的當中，這一座承載著台灣近代史上最巨大的集體記憶中心的二二八紀念碑，卻迫不及待地要出現在所有台灣人面前，另有一說表示來的太遲了。

二二八合法化的過程

　　二二八紀念碑空間意象的解讀，我們放在整個台灣社會歷史及二二八公義和平運動的發展脈絡來看，就台灣歷史而言，早從荷西明鄭以至清領，閩客漳泉及原住民等族群各自

為生存與土地而爭戰；一八九五台灣割讓給日本後開啟長達五十年現代化的殖民統治；一九四五年國府遷台後被當作「反攻基地」而長期實施戒嚴體制，直到一九八○年代起，威權統御的力量逐漸崩解，台灣各種社會力一如雨後春筍般地迸發開展，雖然曾遭保守勢力的反撲，但仍難抑制這股重建台灣主體性位格的強烈社會性欲求，而二二八紀念碑之籌建即被視為「台灣社會民主的燈塔」；就二二八公義和平運動而言，台灣人民自一九四七年二二八事件發生以來即被國府視為最大禁忌之一，甚至到一九八六年「林茂生博士百年冥誕追思禮拜」時，家屬仍受阻不得對外發文。

　　一九八七年二月由自由時代鄭南榕及台權會陳永興等數十民間團體組成「二二八和平日促進會」，與台灣基督長老教會合力每年定期舉辦各項二二八紀念活動，但皆受到憲警打壓及當局漠視，直到一九九○年十二月由基督教〈曠野社〉首度突破省籍隔閡邀集國台語教會周聯華牧師、翁修恭牧師等六十餘領袖發起「二二八平安禮拜」，郝柏村、邱進益、許水德、許信良、施明德等朝野重要人士皆受邀與會，郝柏村並於會後至家屬席與十數受難家屬一一握手致意，從此打破以往漠視及全面抹黑的作法，隨後第一個二二八家屬團體〈二二八受難家屬團契〉於一月間成立，天主教與佛教青年會亦跟進舉辦「彌撒」及「法會」，三月初七部分家屬獲李登輝總統接見，當面陳遞五項要求意見書，並得派林宗義博士出任二二八專案小組委員一席，八月初〈二二八關懷聯合會〉正式成立，一九九二年二月底假國家音樂廳舉行

「二二八紀念音樂會」，李登輝總統出面致辭並向台上二十餘位二二八遺孀鞠躬致意，至此二二八歷史陰影之消除階段應屬完成；「二二八平安運動」的第二階段即為「真相公開、道歉、賠償、建碑建館、設和平日及文化基金」等相關事宜的推動，起於一九九一年二月林宗義致李登輝函；真相雖經省文獻會及行政院研究小組分別完成兩份研究報告，較以往進步甚多但要點如受難菁英最後的處遇，及責任歸屬等仍未澄明，而由民間繼續進行二二八口述歷史研究中；賠償、設和平日及文化基金現由立法院進行立法審議中；這其中最獲具體進展的應算是建碑一事，經過不限資格的國際競圖，徵得二百八十二件參賽作品，在縝密而嚴格的甄選過程之後，二二八紀念碑完工之日應在一九九四年二二八前後之期是指日可待了，而整個第二階段的「二二八平安運動」之具現，整個五項要求亦應可期在一九九五年二二八之前一一完成；二二八的第三階段即是要將二二八的精義轉化為台灣主體文化重建工程的基石，起於一九九一年五月的「二二八關懷音樂會——紀念二二八受苦的母親」，一九九二年二月「二二八紀念音樂會」，一九九三年二月「二二八紀念美展」，並協助二二八電影的開拍，及「二二八舞蹈」、「二二八戲劇」的籌劃，並將於一九九四年二月舉辦二二八文化藝術節的活動，與二二八紀念碑之完成共同展開透過對二二八歷史社會意義的深化與思考，作各類文化藝術專業本土性與主體性自覺運動的地點。

無論從台灣社會歷史與「二二八平安運動」的發展脈絡

來看，基本上都可以由「支配／反支配」的分析架構來理解
二二八作為一個歷史悼亡與再生的重大機制，而二二八紀念
碑更是這中間最重要的作用者與再生產者之一，它不僅是一
件「受造之物」，一件時空制約下的產品，它亦不僅是一個
社會戰鬥的場景與環壚，更是台灣人民追求主體重建的心靈
燈塔。

二二八紀念空間意象之解讀

一、作為政治資本的積累

　　由於二二八事件的龐大規模及政治特性，長期以來即成
為海內外民主運動或反對運動最佳抗爭的課題，以資喚起社
會公憤並累積政治資本，以挑戰國府政權之合法性及正當性
的無上利器。

　　自從一九八〇年第一座二二八紀念碑在嘉義縣興起，一
九九二年屏東縣、一九九三年高雄市與高雄縣及一九九四年
的台北市、基隆市、台南市，甚至往後可能繼續興築的二二
八紀念碑、館或公園皆難脫其主導者之政治資本積累之企
圖，以一九九二年底立委選舉時朝野兩黨的政治宣傳，皆將
二二八公義和平運動之成績各自收編為其政治成就之一，而
二二八紀念空間之塑成當然是其中之最者。

二、作為社會心靈重建與文化重建的基石

　　在一九九〇年底宗教界大量以關懷二二八的方式介入之

後，音樂界、美術界等文化人士亦紛紛跟進投入，而他們所提出「平安」、「撫慰」等積極性非政治化訴求，不但博得廣大中產階級社會的正面回應，亦成為中央政府出面組成「官民合作」式的二二八建碑委員會及二二八紀念碑評審小組的基調，如以最後組成的二二八紀念碑評審小組八名委員的背景來看（建築三名：高而潘、陳其寬、夏鑄九；美術二名：陳錦芳、楊英風；歷史一名：陳三井；宗教一名：翁修恭，家屬一名：林宗義），大大有異於以往公共建築物由官方主導評審的傳統，亦成為官方與民間共同期望「二二八事件」成為社會心靈重建與文化重建基石的重要指標之一。

三、作為不同歷史角色進行社會實踐的環境

在二二八紀念碑的生產過程中，不同的歷史角色根據其意識形態及階級利益，不曾間斷地進行著一場又一場的歷史戰鬥，如依「支配／反支配」（或統御／抗爭）的架構來分析，反支配部分又可分為抗爭形式之抗爭者、非抗爭形式之抗爭者，抗爭形式之假抗爭者、非抗爭形式之假抗爭者等四種；支配者部分又可分為支配形式之支配者，支配形式之非支配者，非支配形式之支配者等三種；如依政治光譜來看，官方可分主流──本省籍，主流──外省籍，非主流──本省籍，非主流──外省籍；民間又分政治反對人士、社會關懷人士（如宗教界、學術界及企業界等）及專業者（如音樂家、美術家、建築師等）及受難家屬。

這些不同背景與立場的各界人士，各依其價值信念或階

級利益，皆透過二二八紀念碑的興建，或激化或矮化，或贊成或反對等等不同意見及或文或武等不同方式，來爭取對二二八的詮釋權，無疑地皆將二二八紀念碑視為其重大歷史實踐或自我完成的投射，而形成其個人或集體意識的無限憧憬。

二二八紀念碑空間計劃的生產過程

一、建碑委員會的組成

一九九三年一月三日，行政院「二二八事件專案小組」決議成立「二二八建碑委員會」，由邱創煥任召集人，陳重光、葉明勳、林宗義、黃大洲、漢寶德、陳豫等八人組成，同月三十一日經林宗義爭取後增加翁修恭、周聯華及廖德政共十一人，四月中由於碑址選定爭執不下，最後確定建碑基地在新公園的同時，邱創煥辭去召集人及委員之職，改由陳重光出任，現有建碑委員十人。

二、評審委員之組成

一九九三年八月經所有建碑委員提名及口譯誤差之彌補，選定高而潘、陳其寬、夏鑄九、陳錦芳、楊英風、陳三井、翁修恭、林宗義等八人組成評審小組，比原定名額多出一人，其中亦曾為各界名額、種類及代表性等問題之判別詳加討論而議定。

三、建碑基地之選定

自建碑委員會一月成立之後，建碑基地一直是官民雙方爭執最大的議題，林宗義首先要求在「台北中心」，提供足以建築一座「大而堂皇」紀念碑之水木清華之地，官方原本提供建成公園、大稻埕公園、華江橋河濱公園、七號公園、新生公園、圓山育樂中心等六處基地，其後又加上青年公園，其中黃大洲極力推薦飛航跑道下的新生公園，而林宗義則看上博愛特區內的台北新公園，三月三十一日「二二八建碑委員會」決定依台北市公園路燈管理處提出不到二頁的「二二八紀念碑興建地點分析比較表」所認定新生公園為最適基地，而否決由「二二八關懷聯合會建碑委員會」所提出長達二萬餘字的「二二八紀念碑替選基地評估報告」中依歷史意象、都市意象的中心性、開放空間的開放性、基地相關配合設施、周圍環境土地使用的相容性、所需工期及土地取得之配合度及工程經費等七項評估指標而評定為第一名的台北新公園，後經林宗義的力抗並爭取陳重光、吳伯雄的支持，最後在四月中旬林宗義委員未返台的情況下，在邱創煥最後一次主持建碑委員會的會議中，全票一致通過新公園為二二八紀念碑碑址。

四、競圖辦法之擬定

由於二二八紀念碑競圖辦法，交由行政院公共建設督導會報所組成的二二八建碑委員會工作小組草擬，其背景多以

土木工程或交通工程為主，以致所擬出之競圖辦法中所規定表現法比例要求，與建築專業競圖難免有「隔」，再加上黃大洲堅持基地面積不得擴大、樹林不能移動、水溝不能調整等近乎令設計者窒息的意見無法取得共識，雖然經過林宗義博士與筆者在《自立晚報》及《空間雜誌》所舉辦的二二八紀念碑座談會上極力呼籲，最後方得以「補充說明」的方式來略加彌補完整，在考慮並不致完全扼殺設計者創意及趕時間等因素下，通過這份頗有瑕疵的競圖辦法。

至於其中涉及建碑意義、宗旨及歷史意義部分，更是相持不下，最後亦接受正式辦法模糊交待，另由工作小組提供報名名單，由林宗義以個人身分寄出三份《二二八關懷雜誌》，以其中所載二二八建碑意義供作設計者參考，而得到與設計者的實質充分溝通。

二二八紀念碑之精義

二二八事件是台灣人民近代歷史記憶的中心，而台灣文化亦在二二八事件後呈現長期斷層，其最大的損失除了大量的菁英及民眾的受難之外，更造成台灣人民對其主體性喪失信心，對公共事務極度冷漠，甚而對台灣整體社會生命共同體的認同與歸屬的嚴重破壞。

二二八紀念碑的設立，乃是台灣二千萬生命共同體認識歷史真相、消除陰影、追求公道、促進和諧、尋回失去的族群尊嚴，重新認知主體文化，透過二二八紀念碑的空間意象的凝望，來進行社會與歷史的教育。

　　二二八事件是台灣社會最重大的傷痕，台北新公園作為二二八紀念碑基地，乃取其無以取代的都市空間意象及歷史意象的中心性，對於殞落的台灣歷史而言，深具「正位」的意義，對受創的社會心靈而言，更達「復健」的果效。

　　二二八紀念碑的精義並不在一座土木工程的興建，除了撫慰受難家屬的傷痛外，更必須將其生產過程充分奠基於社會各界的參與及溝通，並透過極其複雜生產過程的解讀，來增益其空間意象的豐富性，如此方可讓原本死冷的石碑，最後得到「以石為約」、「以碑為盟」的效果，被提升為台灣社會生命的活泉，而讓二二八受難者冤死的生命提煉成永續的燃料，透過二二八紀念碑這座社會心靈的燈塔，照亮台灣民主的前途。

（本文原刊於《建築師》1993 年 4 月）

• 台北二二八公園內的二二八紀念碑。

化苦難為祝福

——二二八紀念碑興建始末及其意義

／蘇南洲

　　籌建工作歷時三年的二二八紀念碑，終於在台北新公園被豎立起來了，值此落成大典的前夕，回顧這座多次幾乎難產的小碑，不禁一則以欣，一則以歎地唏噓起來；想起此碑將承載起國人對自由民主的期望，肩負化苦難為祝福、化悲情為力量的歷史任務，心中不禁沉重許多。作為一個「二二八平安禮拜」的發起人暨「二二八紀念音樂會」的主辦者，這三年來最大的心力卻大多花在此碑之上，其中無役不與，如履薄冰，自起初的基地選取到新近的碑文事件，其難度之高實非常道可明，但為見證歷史之故，實不宜久藏於己，如今紀念碑已落成，階段性責任已了，謹將建碑始末陳述於後，以供後進者饗之。

建碑動機

　　二二八紀念碑之建，起於一九九一年林宗義博士率家屬七人晉見李登輝總統提出五大要求開始，如果上溯建碑行動可追至一九八九年的嘉義市二二八紀念碑，甚至可追至一九

八七年的內湖林茂生紀念碑，此前二者皆引起情治單位高度緊張，後者則於一九九二年由行政院組成二二八建碑委員會進行體制內建碑工作，本預定一年內完成，後改為兩年，再改為三年，其間無數折衝，在在顯示朝野對二二八歷史詮釋之落差甚巨，如今有此成果實在得來不易。

基地選取

一九九二年三月，李總統參加「二二八紀念音樂會」並發表致辭之後一周內，由十一位建碑委員中推舉林宗義、廖德政、翁修恭、周聯華、黃大洲、漢寶德及陳豫等七人組成建碑基地勘察小組，市政府提供建成公園、大稻埕公園、華中橋河濱公園、青年公園、七號公園、新生公園及圓山兒童樂園等七處預定地，另外〈二二八關懷聯合會〉提出火車站特定區及台北新公園二處，經〈二二八關懷聯合會〉所聘建碑小組以都市意象、歷史淵源等多項指標，提出長達兩萬字的評比報告，將台北新公園列為第一名，與市府提出二頁評比報告中第一名的新生公園出入頗大，但畢竟寡不敵眾，會議中做成有條件接受新生公園為建碑基地，後經林宗義博士以噪音嚴重妨害追思活動之理由力爭而急轉直下，在總統授意下同意台北新公園為建碑基地，從此定案。

競圖辦法

基地位置確定後，仍對其大小，周圍樹木遷移及水溝管路等問題爭議紛紛，進而對競圖辦法中的建碑意義、參加資

格、收件時限及圖說要求等等影響設計結果的重要細節一再爭論，待競圖辦法確定時已是一九九二年底，其間曾藉由媒體舉辦過兩次座談會，邀請學者專家以輿論方式代言，並上書建碑委員會召集人、行政院長甚至總統，其目的都在追求一種合情合理的設計空間足以醞釀出優秀成熟的作品，以告慰眾家屬及國人。

評審過程

設計作品於一九九三年二月截止送件，再由建碑委員會提名高而潘（召集人）、夏鑄九、陳其寬、陳錦芳、楊英風、陳三井、翁修恭及林宗義等八人擔任初複審評審委員，經過馬拉松式地逐步淘汰後，先圈八名進入複審，最後推薦三名交由建碑委員會核定，其名次先後為王為河（四票），王俊雄等四人（三票）及竹間建築師事務所（一票），在建碑委員會中由於大家對四票的王為河案缺乏如期完工的信心，最後核定由王俊雄、鄭自財等四人之作品獲選，此事曾因某大報記者之片面報導而引起業界議論紛紛。

設計施工

整個建碑行動至此（一九九三年五月）已算大局底定，建碑委員會開議中的表面張力方才緩和下來，剩下來的都是一些技術性問題較無爭議性，其間林宗義博士曾提出碑文一事，遭建碑委員會以非本會所司職權為由拒絕之，後來鄭自財以列席身分再度提出竟被採納，而埋下最後「有碑無文」

的伏筆。

有碑文無事件

　　一九九四年十二月，鄭自財提出草擬碑文之臨時動議後，葉明勳立即被推選為碑文初稿草擬人，而該碑文初稿在未回到建碑委員會上議定，即逕呈行政院二二八專案小組核定，待林宗義於一月中返國看到時已無機會提案再議，只有以「不敢參加落成典禮」為由，要求立即停止碑文刻模之工作進行，待一九九五年二月中開議時，已因時間急迫難以及時取得共識，而留下「有碑無文」之遺憾，有待後人解讀其中耐人尋味的政治脈絡了。

建碑意義

　　二二八紀念碑雖不過占地四百平方公尺（基地面積約二千平方公尺，耗資不過七千萬），然而由於其乃由中央政府興建又座落於台北市中心，因而受到萬方矚目，再加上整個過程中折衝不斷，在在顯示台灣社會邁向公義和平的道路上實在舉步維艱。翁修恭牧師曾說：「此碑應是一座照亮台灣民主前途的燈塔，而其燃料正是二二八死難者的碧血」，如是，那麼這段路也實在走得太辛苦了，每一次開會都好像孤軍作戰，打勝了還有人搶功扯後腿，打敗了就是被國民黨收編出賣台灣人，有時難免會懷疑這就是追求民主、自由、公義、和平……這些偉大名詞的方式嗎？到底是誰在努力、忍辱負重呢？然而，這些問題每次看到七十五歲頭髮漸白、老

人斑漸深的林宗義博士，我都吞了回去。

其實二二八紀念碑正是台灣這個社會的縮影，有人前衛、有人保守；有人做事，有人搶功；有人民主，有人假民主；大家都看得到其表面的光彩榮耀，看不到其背後的瀝血創傷，而最後落得「有碑無文」不正是此時此刻的最佳寫照嗎？

從空間社會學的角度來看，二二八紀念碑實在是台灣社會心靈重建的象徵，多少打擊與逆境等著迎面而來，最後碑還是要立起來，「不落言詮」豈不來得更豐富，更值得多重解讀嗎？

（本文原刊於《曠野雜誌》64 期，1995 年 4 月）

• 右起王逸石長老（時任〈二二八關懷聯合會〉秘書長）、林宗義博士（時任〈二二八關懷聯合會〉理事長）、蘇南洲（時任〈二二八關懷聯合會〉建碑主責人）攝於二二八紀念碑得獎模型前，1993 年。

後二二八的省思

／蘇南洲

　　二○○四年，台灣二二八的天空很政治也很熱鬧，有近二百萬人心手相牽護台灣，也有許多人慢跑捐血愛台灣。基本上，這兩批人背後都各有藍綠政黨在操作與動員，也都高喊族群和諧；然而事實上，隱含著一方面本省族群建構主體性、出頭天及反抗中共和外來政權的強烈意識，另一方則是外省族群當年不得已播遷來台，如今失去政權的危機意識下救亡圖存的焦慮。在這極不同的兩大歷史脈絡下，二二八成了大選前兩相爭奪的舞台與領空，以及剩餘價值被極大化的政治消費品。

歷史的還原與詮釋

　　然而，二二八究竟是怎麼回事，不同的人都各自根據其歷史脈絡、階級利益、族群關係及意識形態做出若干詮釋，不過大致上無論朝野各界，都不能否認一九四五年台灣人民在光復時，迎接到的是個貪污腐敗又極權的軍事政府，其統治期間，民生凋蔽、經濟蕭條的情形遠甚於二次大戰時期靠配給過活的日子，而一九四七年二二八事件時，上萬的台籍菁英無論參與民亂與否皆遭到屈死的命運，而其遺族亦受盡

苦楚；再加上之後的清鄉及長期戒嚴，使得這份苦毒血仇只能暗夜飲泣而無處宣洩。直到一九八七年黨外開始進行平反活動，一九九〇年教會界出面表達關懷後，才得初解心頭長年之痛；也自此在朝野共同的努力下，無論真相公布、元首道歉、建碑建館、金錢補償、設和平紀念日及恢復名譽等當初二二八受難家屬所提出的要求，都一一完成，十足展現出台灣朝野在面對如此巨大政治歷史事件中的智慧與勇氣，這是古今中外沒有一個國家能在未改朝換代的情境下做到過，而足令國人驕傲的創舉。

深刻反省，擴大關懷

就基督信仰而言，公義的追求當然是很重要的，但應該還有更重要的需要去追求。從聖經上來看，當耶穌和祂的門徒遭到不公平、不公道、不公義等比死還痛苦的對待時，並沒有以眼還眼、以牙還牙，也沒有一直說出「可以原諒，不能忘記」這類不知是不肯忘記還是不肯原諒的話；他們反而展現出一種超越苦難的精神風貌，抓緊亙古長存的永恆價值，一方面關懷弱勢，一方面廣傳福音，以彰顯上帝的榮耀、教會的尊嚴及道成肉身的大愛為職志。反觀今天，許多人把二二八辦得這麼熱鬧，甚至好像只要把二二八抬高一點，就可以抵擋中共的飛彈。其實我們若真想記取二二八對今天的意義，就應多以同理心聆聽二二八家屬的心聲，懷著敬重肅穆的態度，陪他們去看看屈死的二二八受難者之墓，進而反省到二二八事件的悲劇是政客操弄下的犧牲品，而應

改由醫界、文化界、教育界、宗教界及市井小民等非政府組織來舉辦紀念事宜。至於政客，往往只會利用及糟蹋二二八和族群和諧，千萬別讓任何政客的腳印站在二二八的血地上。我們更應該體認到，經過二二八苦難的台灣社會，可以擴大關懷到所有類似二二八悲劇下的受難家屬（如六四天安門及庫德滅族事件），努力防患於未然，不讓二二八的悲劇以任何形式、在任何地方重演；如此方不負二二八這場苦難的發生，也才可讓二二八的深刻意義不致走調成慶祝活動，或淪落為政客的腳墊。

（本文原刊於《曠野雜誌》128 期，2004 年 4 月）

• 長期參與二二八關懷行動的翁修恭牧師（右一）、王敬弘神父（左一）與蘇南洲（中），在「二二八無語問蒼天」空飄氣球活動中發表聲明。

二二八的躍昇和救贖

／蘇南洲

　　回顧過往二十年來台灣社會各界對二二八事件的行動和努力，大致可分為「平反」與「平安」兩大路線。前者乃自一九八七年起三年間，由當時黨外運動團體以每年一度的遊行方式來突破政治禁忌，換取社會的關注；後者自一九九〇年底「二二八平安禮拜」起十年間，由教會人士與受難家屬在基督信仰的基礎上，以去政治的方式建構出主體行動論述，展開長久而持續的真相、道歉、賠償、建碑及文化教育等多方位工作的推動。然而在二〇〇〇年民進黨執政後反而呈現停滯狀態，直到二〇〇四年綠營推出「二二八牽手護台灣」活動，大大提高阿扁總統大選的聲勢。二〇〇五年又有獨派人士推出「二二八台灣點燈」活動，來表達對中國「反分裂法」的抗拒，凡此種種，在在讓二二八這一天又回復到初期濃濃的政治味。

照亮每個人的心靈角落

　　誠然，二二八事件是台灣社會最巨大而幽暗的集體記憶，那場上萬以台籍為主的菁英與青年學子在短期內突然消失的劇變，實在是整個社會難以承受的沉痛。然而在前述民

間與政府的各種努力下，已差可告慰已逝者及其後代子孫；今天若是國人能夠謹遵前人「遠離政治」的諄諄教誨，明白拒絕讓二二八一再被捲進政治及選舉的漩渦之中，進而從這充滿血淚與悲慟的苦難裡，透過深刻的人道關懷與理解，淬取出曠世的智慧和勇氣，轉化為深化與豐富化我們的文化與教育的泉源，則是將二二八作為歷史的慧炬，照亮每一個人的心靈角落之無上禮獻，如此，亦方為成全二二八精義之所在。

跳脫悲情，轉化蒙福

二二八事件的善後工作進行至今，雖不見得得到徹底解決（solution），但也不見得凡事都能夠追求到徹底解決，畢竟悲劇一旦發生，時光是不能倒流的，已逝者是無法復生的。然而，若能跳脫二二八的悲情，將之轉化為這片土地的瑰寶，則所有因二二八而受苦的心靈不但能夠得到救贖（salvation），並將為台灣社會精神文化的躍昇提供莫大的動能，此乃達到萬民蒙福之境所必經的路途。

（本文原刊於《曠野雜誌》133 期，2005 年 2 月）

血地前的立足點
——參與二二八關懷行動的一段心路

／蘇南洲

値此二二八事件五十九周年之際，各界相關新舊論述及政治傳媒均再度爭相出爐，而其中真相追求與責任追究的課題，也會牽動許多人的心律神經。

不能把頭撇過去

一九八七年起，我開始接觸到有關二二八的議題，先後參加過二二八點燈遊行、追思禮拜等活動，稍微知曉了一些被長期掩蓋、不能談論，關乎二二八的慘劇，發現自己實在無法把頭撇過去，於是全力投入二二八的關懷行動，先在一九九〇年假台北懷恩堂舉辦「二二八平安禮拜」，又於一九九二年在國家音樂廳舉辦「二二八紀念音樂會」。之後曾與數十位二二八家屬一同應邀會晤當時任行政院院長的郝柏村將軍，在那個場合中，郝院長先要大家自我介紹，每個在場家屬都說出自己的名字及與二二八受難者的親屬關係；輪到我時，我沒有與二二八受難者的親屬關係，就只簡單的說我是「基督徒蘇某某」。然而，事實上這就是我二十年來參與

所有公共事務的身分、起點及自我認知與設限。

向暗夜飲泣之處靠近一小步

　　基於求學過程中修得的治學、處事方法，讓我在許多社會議題上，多嘗試從結構性的制度面予以診斷，並提出處方且努力加以落實。但在面對二二八這巨大的歷史性集體傷痛時，卻在震撼之餘改採以同理心去體會受害者的心情、設身處地了解其需要，並盡一己之力無私地為其服務──因為深知所有過程中，只有發揮最大的耐心，才有可能讓受害者「允許」我向其暗夜飲泣之處靠近一小步。

　　若非上帝特別的恩寵，我絕不敢奢望集畢生的努力就能換得受難家屬的一絲「接納」；所有的道德勸說皆應於來到受害者的心門之外即被放下，這應是關心二二八事件等悲劇的關懷者不可或缺的自我認識。需知要關心這樣的課題，就是將腳踏到受難家屬上下兩三代人家、數十口親人、兩萬多個無情日夜的苦情與血地上，這不只是六十年前的一條人命而已，也是所有家屬的整個人生、前途事業甚至婚姻嫁娶的連續夢魘，斷沒有容五、六十年後的任何一個關懷者（或闖入者）可以「輕巧」地對受難家屬多置一喙的空間。

　　走筆至此，不禁憶及一九九一年時曾與三位牧者同赴花蓮鳳林探視一位二二八受難家屬──年屆退休的葉老師；雖事前聯絡過，葉老師沉默地開門，請我們坐下、用茶後，隨即回後房許久未出，數十分鐘後似有飲泣之聲傳來，連善於勸慰的老牧師在客廳也不知如何是好；後來紅著眼眶的葉老

師出來了一下，還來不及說話又忍不住退回後房，這時候我們才知道此行雖是出於善意，卻觸翻了家屬塵封多年的巨痛，真是愧覺自己太無知而輕率地打擾了。次年在家屬李阿姨的邀約下前往其府中同餐，惟一的食物是碗鹹粥，那就是當年午間他們的父親被軍人帶走問話時，吃了一半說要回來再吃的；每年那天，老媽媽就帶著全家人一起吃鹹粥來紀念父親，這真是教我這個未真經歷過二二八傷痛的「外人」百感交集的一餐。

讓受傷的靈魂真得撫慰

耶穌來到世間，為弱者伸冤，與苦者同泣。耶穌不是道德導師，專事道德勸說；也不是文士，專事著書立說研經考據；更不是先聖先賢，僅供後人景仰談論。若基督徒還相信所信的耶穌至今仍然與我們一同活著，在面對苦難與傷痛的人時，且讓我們以生命來證道，而不是以講道專家自期；讓我們以生命的真誠交流來彼此激勵，而不是以教會門牆為界自比清流；若真能如此，受傷的靈魂方能真得撫慰，天國才可能離我們不遠。

（本文原刊於《曠野雜誌》139 期，2006 年 2 月）

哲人雖遠，典型在夙昔
——遙念林宗義博士

／蘇南洲

"My father just passed away peacefully yesterday 7/20 at 1: 20 pm. Andrew and Lillian on our way to Vancouver" 在我到香港參加書展期間，七月二十一日下午，這行簡訊出現在手提電腦螢幕上；在此之前七月十六日上午的訊息是："My dad is just getting weaker physically and mentally and will be 90 in September!!!"，這是林宗義博士子女一邊看著身心日漸虛弱的父親而又想能在今年九月一起歡慶他九十大壽的祈願。

林博士回到天父的懷裡了，放下了超過半世紀的辛勞，留給人們一個曠世智慧與勇氣的典範。作為台灣第一位留美博士，卻在二二八事件中受難的林茂生院長的兒子，林宗義博士很年輕就拿到日本東京帝大的博士學位，返台創設台大精神醫學系，一手建構了台灣現代心理衛生體系；後來在白色恐怖的莫大壓力下，接受世界衛生組織（WHO）之聘，攜眷遠赴日內瓦擔任心理衛生部部長，並展開以實證科學挑戰

心理分析主流的全球性、先導性、劃時代的精神分裂症研究，並率先致力於在全世界各地消除心理疾病的污名，並先後在美國麻州哈佛大學、密西根大學、英國倫敦莫斯里（Maudsley）研究所、日本東京大學、加拿大溫哥華英屬哥倫比亞大學（UBC）、中國北京醫學大學等最高學府進行教學與研究工作，並擔任世界心理衛生聯盟的終身榮譽總裁，受教者不計其數且遍布世界各地。

　　林博士除了極其卓越的精神醫學貢獻外，也十分關心文化與政治，在台灣被迫退出聯合國、國人深感前景茫茫之際，在海外與三位台灣長老會牧師共同發起「台灣基督徒自決運動」而再度成為國府黑名單，直到年近七旬方可返回故里。

　　第一次見到林博士，是在一九九○年一個深秋雨夜的教堂後庭，我正處於為兩周後的「二二八平安禮拜」而密集籌辦的高壓情境中；三個月後再見到林博士是在〈二二八受難家屬團契〉的聚會中。隨即自這二十幾個成員的唯一二二八家屬團體中選出五位代表，在林博士率領下晉見李登輝總統，並提出公布真相、道歉、賠償、建碑、文教紀念工作等五大訴求，再來就是將〈二二八受難家屬團契〉擴大參與並組織化為〈二二八關懷聯合會〉，林宗義博士擔任理事長，而我受命為執行長，從此展開他每月自溫哥華返台一次，與我近十年跨洋協同作戰的恩誼。

其間面臨突破軍事強人郝柏村在真相研究、建碑上的重重阻撓，並提供李登輝總統道歉文稿、籌組〈二二八事件紀念基金會〉等關鍵性工作，在這離開黑夜進入黎明的過程中，林博士與我可謂無役不與，因為「二二八平安運動」的主戰場在台灣，若是林博士在台灣，我就以特別助理的角色隨身協助他，若他人在加拿大不及趕回，我就以代理人的角色出戰，猶如在槍林彈雨中與他合作無間，時而匍匐前進，時而快跑超越，終能不辱使命，竟功而退，為台灣完成了二二八止痛療傷、化苦難為祝福、為台灣求平安的初衷。並將後期工作轉入「林茂生愛鄉文化基金會」，林博士是創會董事長，我則是創會董事執行長，繼續無間合作。以林博士年屆七旬，每月搭機往返台加，長達近十年，可見其毅力非凡，以「二二八平安運動」而言，始終前有黨政軍特強權高牆，後有亂箭不斷，進退行止之間，在在展現出其超人般的膽識智慧。

除了膽識過人外，林博士也有至情至性的一面。在面對些許二二八家屬超乎情理的情緒反應及要求時，他皆能以忍辱負重的心情，一一平和以待，甚是不易。

而我個人最感到備受愛護的是，在一九九六年心臟大手術住院二十五天中，林博士往返於台加兩地，還到醫院探視我五次，並以歡欣喜悅的心情偕夫人來接我出院回家，如此視如親子之恩情，實在令晚生的我感激又感動。

「二二八平安運動」本身就是一項極為艱鉅的「復和」（reconciliation）工作，作為世界級的精神醫學大師，林博士當然明白要幫助相同命運的二二八受難家屬和「父仇不共戴天」的國民黨政府「復和」是何等困難之事，這四、五十年的帳怎麼能夠算得清？而身為一個誠摯的基督徒，多少約伯式的天問纏繞在與上帝之間千絲萬縷的感恩與怨懟中，如何才能平衡而得到「復和」？還有在突破重重困境、面對萬鈞壓力之際，難免在有意或無意間、出手或未出手間，在與敵人、友人甚至親人的關係裡，受到傷害或傷及無辜，這「復和」又如何能圓滿完成呢？林博士最後用了十年的時間，善待所有周遭的人，他收斂起雄獅般的巨人形象，轉變成一個很討人喜歡的老孩子，一個在天父懷裡深受寵愛的孩子。

前年秋天，我曾自西雅圖小女住處，專程搭巴士到溫哥華的療養院探視為病所苦的林博士，那是個晴天，林博士很高興地換上我帶來的福爾摩沙 T 恤，坐在沙發上享受和煦的陽光，有一搭沒一搭地聊著光輝的往事，此情此景，猶如日昨。

與林博士並肩相隨的十年，是我精神、體力、創意最盛的時期，也是受惠於林博士良多的十年，一方面深深感謝上帝賜我如此良師，一方面也求主保守林博士家人及所有二二八受難家屬都平安康泰。

（本文原刊於《曠野雜誌》166 期，2010 年 8 月）

二二八關懷工作中鮮為人知的勇者

／蘇南洲

　　台灣二二八連假剛過，假期中，各地遊客塞爆，中央與地方政府及相關民間團體則應景似地舉行各式紀念活動，在這樣的氛圍下，讓人格外懷念起當年鮮為人知的一些關懷二二八之勇者，有些走得早，有些仍高壽在世。

　　早在一九九〇年底，以「止痛療傷、關懷二二八」為目標的「平安禮拜」，在上主的恩眷下，平安落幕後不久，我受命籌組〈二二八關懷聯合會〉，那時不但沒有任何經費，連個聯絡處所都無人願意提供。就在徬徨街頭之際，幸有耕莘文教院王敬弘神父，將其在院內光啟出版社社長室挪了一小處空間，拼湊三張桌椅，充作〈二二八關懷聯合會〉的落腳之地。

　　王神父本身是來自大陸的外省人，而整個台灣天主教更是以外省籍教友及神長為主體的宗教團體，能夠跨越省籍意識，關心「二二八」已屬不易；而在以本省籍為主體的諸多人權與宗教團體皆袖手旁觀之際，還能夠跳脫內部矛盾而出手相援，更是令人由衷感念。之所以能夠如此傾力而助，或

許是基於基督信仰對正義的信念所致，亦或許是對主內末肢如我者之信任。可惜王敬弘神父走得太早，而我先在一九九六年挨了開心大刀，他也前後開了八次刀，兩相交叉挨刀之間，稍一蹉跎，就失之交臂、天人長隔了，如此不顧自身安危的珍貴情誼，總讓人無限懷念。

除了王敬弘神父（二○○○年蒙主寵召，葬於彰化靜山）的支持外，我也認識了在王神父背後支持的耶穌會長張春申神父（現已過世）及其繼任者劉家正神父（現已退休），沒有他們，二二八關懷工作連起步都舉步維艱。

一九九一年三月中旬，仍值解嚴初期，郝柏村當行政院長，刑法一百條尚未廢除（獨台會四青年於同年四月被抓），接到花蓮年輕牧者來電，想繼「平安禮拜」為二二八盡心，卻忌於花蓮地區情治勢大、福佬人力薄；在花蓮牧者趨車相伴下，除了走訪張七郎遺族外，更得到當時天主教花蓮教區總主教單國璽的慨諾，無論具名或出力，皆毫無保留地鼎力相助，於是花蓮那場「二二八清明禮拜」就在驚濤駭浪中平安順利地完成了。而素昧生平的單主教那一句誠懇豪邁的「蘇弟兄，義不容辭」，至今難忘。

單主教原是耶穌會神父，擔任過光啟社社長，早年還曾為一本小書《獻身與領導》上了黑名單，後來自花蓮轉至高雄教區，被老教宗保祿二世任命為樞機主教，如今年近九十，雖罹癌末，仍為福傳努力不歇；甚想返河南故里探親，

卻因中共阻攔無法如願。日前我到高雄探望他老人家，他開心地留我在宿舍共餐，看來神采奕奕，還四處講演，出書榮神益人，著實令人感佩。

此外，一九九七年時，在「行政院二二八基金會」裡，與官方學者為「二二八紀念碑」碑文之撰擬、修正、定稿，歷時一年、經三十次大小會議才定案下來的逐字戰鬥過程中，幸有「碑文小組」成員台大張忠棟教授的抱病並肩作戰，才能得到勝過原先所求所想的戰果，其間艱辛實非常理可言。每次戰鬥下來，張教授那公正無私的史學大師學養，不但惠我良多，更每在開完會後，讓我順路搭他一段車，一面討論戰情，一面得享並肩戰後、春風徐來之快。可惜，在不久後的一九九九年，張教授罹癌過世，不能讓小輩如我等再執經請益了。

若不是上主在最困難的時候，派遣這些默默付出、不欲人知的外省籍天使及時相助，那片六十五年前的「二二八」愁雲慘霧，可能至今仍盤據在台灣上空而不得寬解。感謝上主厚恩，同為受造原本就不應有省籍岐見，但願未來不同族群間真能和諧共融，則台灣萬幸！

（本文原刊於《曠野雜誌》176 期，2012 年 3 ／ 4 月）

尊嚴與身分認同

——從「二二八平安運動」與「雨傘運動」 談我們留給下一代怎樣的社會

／蘇南洲

「後雨傘運動」的港人民心

沒有人會想到人大落閘封殺香港特首真普選的決定，會引發香港上萬甚至數十萬住民上街佔領街道，展開為時連續七九天的「雨傘運動」，力爭真普選。

為何一項選舉方式的取向落差，會引發向來以「法治」精神為傲的港人廣泛地搏命抗爭，甚至不惜以身試法？

追根究柢，這不是港人與中方對「一國兩制，港人治港」五○年不變的解讀差異，而是深挖到港人最基本的尊嚴與身分認同問題。港人的未來應該由誰來決定？港人的意願應不應受尊重？這是尊嚴（dignity）的問題；香港人認為自己是英國人、中國人抑或只是香港人？這是個多選多的身分認同（identity）問題。這兩個問題的答案並非一定是鐵打不變的，往往也會隨着形勢及各方互動關係而有所消長。

「雨傘運動」雖是告一段落，但這些翻起的問題不是清

場就能清去的，如何才能找到解決的出路？從隔岸觀察香港這場運動，不禁令我回想起二十五年前發起的「二二八平安運動」，本文嘗試以一些基本的分析作基礎，作為港台兩地相互借鏡的參考。

台灣的「二二八平安運動」經驗

二二八事件發生在一九四七年的台灣，據推估約有兩萬人非意外死亡，事件一直不了了之，受害者家屬長期含屈莫白四○年。我經過三年的實況參與和詳加觀察、分析之後，決定開展一場政治／社會／宗教等綜合性運動──「二二八平安運動」。

先是一九九○年十二月發起「二二八平安禮拜」，隨後以「黃絲帶、黃玫瑰」為標記，展開一連串宗教、藝術、文化、音樂、舞蹈、美展、空飄氣球、送艾草、河祭思親等各式紀念活動，並發行《二二八關懷月刊》，同時組成民間「建碑」、「賠償」、「真相」推動委員會，以幾乎每個月、配合節期思親的方式，推出一波又一波、不同型態的活動。背後的思維是，一則鼓勵二二八家屬出面認同自己隱藏多年的身分；二則始終保持主場優勢（home advantage），邀請朝野各界參與，並同步爭取社會各界的關懷；再則以各式活動，不斷吸納各方資源，積累各種動能（momentum），一再突破長期黨政軍特聯手的防堵陣線。

「二二八平安運動」所用的手法屬於一種「柔性抗衡」（soft encounter），以與執政者維持「良性互動」（good interaction）的方式，導引執政者做出二二八家屬多年求之不得的結果，最後在保全二二八家屬的尊嚴與國民黨政府顏面的雙贏局面下，有了如今台灣各地多處的二二八紀念碑／館、賠償、回復名譽狀及各種二二八口述歷史的出版。

港台兩地相互借鏡之處

以「二二八平安運動」作為政治／社會／宗教等綜合性運動的開展為例，有些基本的分析，或可作為港台兩地相互借鏡的參考：

1.港台兩地都是以中產階層為主體的社會。這種社會首要顧及的是「安全」，只有在安全的前提下，人們才會靠過來並付出關心，而「血肉長城」的戰法絕不會是他們的選項。這次香港「雨傘運動」誠然可歌可泣，令人感動，但若「愛與非暴力」的行動一旦可能變成「愛與被暴力」，一旦上街的年輕學生可能隨時變成被暴力騎劫的人質，這時中產階層的父母恐怕難再繼續支持其為理想奮鬥的子女，或許是這場「雨傘運動」不得不暫先偃兵息鼓的原因之一。

2.顧及當政者的起碼顏面。當政者大權在握，黨政軍特甚至黑道都一把抓，但多少還要點臉皮，才方便維持人五人六的人樣。若是真正撕破臉，是誰要得出狠，是誰吃虧倒霉，這是不用猜也知道的事。除非有人只想當成仁的烈士，否則何須如此？

3.需知關鍵的開門鑰匙放在強者的口袋裡。弱者的火力不夠，不足以仰攻；只能智取，不能強取。大部分公部門的

人都習於等因奉此，不但缺乏同理心，也缺乏想像力和創意，這正是民間的機會。只要弱者諳於「以小搏大」、「以弱擊強」之道，多推出有創意的活動，能夠不戰而屈敵之兵，實乃上策。

自己的未來，自己決定

猶記得一九九四年有幸與司徒華先生在九龍喝兩人咖啡，席間曾問：「九七移交問題，干係著百來年六百萬港人及其後人的前途，為何只有中、英兩方，港人卻缺席了？」司徒先生默然以對。

「自己的未來，自己決定」，這是天經地義的事。時代不同了，即便是父母也不能太干涉子女的婚姻交友，因為這是他們的未來，不是父母的未來。「雨傘運動」之後，香港「民主回歸」一派恐怕不再，代之而起的是「本土」一派。

上一代很辛苦，但所求所想的也差不多都得到了，倒是留下高房價、高失業與低所得的社會環境給下一代；很快地，我們就要將這個社會交到下一代手上，也應該將他們的未來交由他們來決定，讓他們有自己的身分認同，過合乎他們尊嚴的日子。香港加油！台灣加油！願天佑吾土吾民。

（本文原刊於《曠野雜誌》194 期，2015 年 3 ／ 4 月
與香港《突破書誌》36 期同步刊登）

翻過那暗黑的山頭

——《二二八關懷雜誌》合訂本再版序

／蘇南洲

　　緣起二〇一六年底，二二八受難家屬李月美女士（李瑞漢之女）起心動念要將《二二八關懷月刊》重印，招集了〈二二八紀念基金會〉楊執行長、柳副執行長和我在〈二二八國家紀念館〉商議，為的是紀念一九九〇～一九九三年間，在那戒嚴似解未解的年代（雖然「戒嚴令」已宣布解除，但以執行「戒嚴令」為主責的〈台灣警備總司令部〉等八大特務機關仍未改制或裁撤），台灣人人頭上都還頂著片片忽厚忽薄的政治烏雲之際，曾有著一批憨人以〈二二八關懷雜誌社〉之名，發行了九期的《二二八關懷月刊》，更實質推動了二二八真相、道歉、賠償、建碑建館及文教等五項巨大的社會工程。李月美女士因我是創刊者，特囑託我為序。

平安禮拜・家屬團契・關懷聯合會

　　正如一九九一年五月出刊的《二二八關懷月刊》試刊號發刊辭所言，此月刊的出版目的，在於發掘二二八的真相、

尋訪家屬、讓社會了解二二八的真相、並關懷二二八受難家
屬，且「不只是針對過去，也能向前瞻望，為社會求取真正
的和平、和諧、和睦。」也「深深盼望能以過去慘痛的歷史
經驗為前車之鑑，共謀台灣島上所有居民的團結、和諧與光
明未來。」

　　繼一九九〇年十二月八日〈曠野社〉在台北懷恩堂發起
「二二八平安禮拜」之後，我曾多次載著翁修恭牧師驅車展
開一連串探訪二二八受難家屬的工作，在深刻感受到他們長
期以來的痛苦、鬱悶、孤單之餘，全然出於基督信仰的良心
與作為，而於一九九一年一月十三日在我家地下室成立了
〈二二八家屬團契〉（此為台灣第一個具二二八受難家屬主
體性的組織，〈二二八關懷聯合會〉之前身）。當時我們除
了對內定期聚會，進行撫慰工作之外，對外也陸續舉辦了
「等待禮拜」、「清明禮拜」、「無語問蒼天」施放氣球、
「關懷二二八母親」全台巡迴音樂會等極富社會教育意義的
宗教與文化活動。

以「柔性抗衡」化解對立

　　相較於一九八七年起始的「二二八平反運動」，以〈二
二八關懷雜誌社〉為正式登記名稱的〈二二八關懷聯合會〉
之作為，政治抗爭意味大為降減，宗教關懷氛圍則十分濃
郁，可謂之為「柔性抗衡」（soft encounter）的新型社會運
動模式，亦可視之為「二二八平安運動」之起始。其實，在
威權體制之前，高舉「平反」往往易遭打壓，但從「平安」

入手則「平反」便可隨之到手。二二八受難家屬受苦太深，實在不堪再受任何打壓，以訴求「平安」的「柔性抗衡」才可能化解對立、形成共識，社會大眾也才比較願意且敢於以同理心關懷二二八的議題。

　　《二二八關懷月刊》共出版了九期，自一九九一年五月至一九九三年十二月，前六期（含試刊號）是我任〈二二八關懷聯合會〉執行長時，請託《曠野雜誌》總編輯彭海瑩女士跨刀主編的，後三期則由〈二二八關懷聯合會〉秘書長王逸石長老主編；當時正是「二二八平安運動」要翻過台灣最暗黑的歷史／政治／社會山頭的關鍵時刻（critical moment）。在那批憨人行列中，出力最多的受難家屬有：林宗義（林茂生之子）、高李麗珍、李月美、潘信行（潘木枝之子）、徐世雄（徐春卿之子）等約三十人，關懷者有：翁修恭、周聯華、王敬弘、簡啟聰、瞿海源等約五十人。在那暗黑的年代裡，多虧有這批共八十多位堅毅守望至天明的憨人勇者，才有後來的二二八道歉、建碑、賠償及至今的〈二二八紀念基金會〉文教工作的花果繁茂。

「平安」、「平反」絕非天經地義

　　近幾年來，屢有來自國外關心「六四天安門」及香港「雨傘運動」的師友及關懷社會的文教機構訪台，要我安排二二八攸關的採訪活動，我亦衷心希望台灣的二二八處理模式，能夠有益於海外各地社會的和好。

　　值此正逢二二八事件七十年之際，再版《二二八關懷雜

誌》合訂本實為頗有意義的工作，一則讓九〇後的青年學子深切了解今天的「平安」也好，「平反」也好，並非純然那麼「天經地義」、「理所當然」，而都是需要先有憨人冒著近乎殺頭的風險換來的；二則也讓這個社會所有人知道並珍惜現在所有的，且懂得在諸般暗黑中仍存慕光之心仰望上主。

此序以「翻過那暗黑的山頭」為題，有兼具理想與務實之意，一者因個人受建築訓練影響所及，凡事必須先「心有成竹」後，才可動工。如同蓋房子，若是到最後無力完成，反倒留下爛尾樓的笑柄，徒然增添令人挫折的戰敗紀錄而已，甚是不值；二者用以紀念那位在摸黑過山時期，誨我甚多的一代「務實的理想主義者」林宗義博士（〈二二八關懷聯合會〉理事長）的諸般辛勞與貢獻。

暗黑的山頭，處處皆有，也皆不易翻過，但若沒翻過或翻不過，暗黑仍是暗黑，山頭仍是山頭，困難仍是困難；若是翻得過，再暗黑的山頭都會成為過去，歷史的新頁與光明的未來就在眼前了。若果沉埋半世紀的二二八巨大暗黑山頭都能翻得過去，相信光明的台灣社會應該不遠矣。

（本文原刊登於《曠野雜誌》205 期，2017 年 1 月）

• 「空飄汽球，無語問蒼天」是〈二二八關懷聯合會〉籌備期間所舉辦的創意活動之
一，富有傳達二二八受難家屬心情的意義。

• 黃玫瑰一朵，願向受難家屬表示衷心的慰問。

• 朝野兩黨重量級人士多全程參與。

1

平安禮拜

一九九〇平安禮拜
——尊重人權·紀念二二八

　　一九九〇年十二月八日，靠著上主豐盛的恩典與憐憫，卑微弱小的〈曠野社〉竟邀得六十多位國台語教會領袖之助，通力合作舉辦了「一九九〇平安禮拜——尊重人權·紀念二二八」。當晚與會者近兩千人，朝野兩黨的重量級人物也多全程參加。而這場極其敏感的歷史性聚會，就在「平安夜」的和諧歌聲與柔美燭光中順利完成。次日各大報均以頭版頭條之新聞報導此次禮拜，咸認由此為台灣社會掀起「二二八平安運動」的新頁，更為台灣教會與台灣社會共同承擔使命與苦難的努力，奠下新的里程碑。

「平安禮拜」程序

證道／周聯華　翁修恭　司琴／何青

默禱

序樂

獻詩／趙主惠：耶和華是我的牧者　伴奏：陳淑芬

宣召

認罪

宣赦

唱詩／神聖純愛歌（普天頌讚 363）

讀經／俞繼斌

禱告／高俊明

獻詩／台神米利暗詩班：望

　　　指揮：朱安美　伴奏：陳淑芬

證道／周聯華（台語）

獻詩／城中教會詩班：祂是至聖

　　　指揮：趙主惠　伴奏：盧維娗

證道／翁修恭（國語）

見證／張玉蟬

默哀

獻詩／台神米利暗詩班：愛

　　　指揮：趙主惠　伴奏：陳淑芬

受花／受難家屬：林宗平、張玉蟬、盧屬、陳穎奇、
　　　　高李麗珍、林黎彩、林阮美妹、張秋梧
獻花／蘇昱璇、張以牧、康強、康健、俞友楨、江佩穎、
　　　　陳宏恩、丁懷慈
報告／蘇南洲
唱詩／以馬利來臨歌（普天頌讚 93）
傳蠟燭／全體籌委
唱詩／平安夜（普天頌讚 100）
祝福／簡啟聰
殿樂／平安夜（台神米利暗詩班、城中長老教會詩班）

• 獻花給受難家屬的孩子們，但願悲劇不會在下一代重演。

「平安禮拜」的聖經根據

1. 榮耀與平安

在至高之處，榮耀歸與上帝；在地上，平安歸與祂所喜悅的人。　　　　　　　　　　　　　　　　／路加福音二章 14 節

（和合本）

2. 受創與安慰

在拉瑪聽見號咷痛哭的聲音，是拉結哭她兒女，不肯受安慰，因為他們都不在了。耶和華如此說，你禁止聲音不要衰哭，禁止眼目不要流淚，因你所作之工，必有賞賜。

／耶利米書卅一章 15-16 節

哀慟的人有福了，因為他們必得安慰。

／馬太福音五章 4 節

（和合本）

3. 虧欠

凡事不可虧欠人，惟有彼此相愛，要常以為虧欠，因為愛人的就完全了律法。　　　　　　　　　　／羅馬書十三章 8 節

（和合本）

4. 和睦

基督親自把和平賜給我們，祂……以自己的身體推倒那使他們分裂、使他們互相敵對的圍牆。／以弗所書二章 14 節

致力人間和平的人多麼有福啊，上帝要稱他們為兒女！

／馬太福音五章 9 節

（現代中文譯本）

5. 饒恕與平安

　　主怎麼饒恕你們，你們也要怎樣饒恕別人。不但這樣，你們還要有愛心，因為愛是聯繫一切的關鍵。基督所賜的和平要在你們心裡作裁判；為了使你們有這和平，上帝選召你們，歸於一體。你們要感謝。　　／歌羅西書三章 13-15 節

（現代中文譯本）

● 「二二八平安禮拜」中與會的受難家屬。

為台灣的人權與和平祈禱

／高俊明

創造宇宙萬物的上主啊！

我們感謝祢將人性的尊嚴賜給我們。

愛我們的主耶穌啊！

我們感謝祢，祢曾說「致力人間和平的人有福了，因為上主要稱他們為兒女」。

祢不僅是這麼說，祢更是付出祢的生命與一切來擔當我們人類的罪與苦難。

通過祢的犧牲，祢救了我們，並建立了神與人的和平關係，也建立了人與人的和平關係。

主啊！祢要我們每一個人也能如此付出我們的生命與一切來維護每一個人的人權，而建設台灣成為公義、仁愛、和平所充滿的地方來造福人類。

但是，我們卻違背了祢的旨意而使台灣變成充滿著犯罪、痛苦、恐怖與污染的地方。

我們懇求祢赦免我們的罪。

今天晚上，我們特別在紀念四十三年前，在台灣各地所

發生的二二八事件。在那不幸的事件當中，許多優秀的青年與社會的精英被殺害。

　　主啊！我們的心非常痛苦。

　　求祢赦免我們這四十多年來沒有拿出愛與勇氣來醫治二二八事件所造成之傷痕的罪。

真理的靈啊！

　　求祢賜給我們新的心、新的力量，求祢使我們能除去一切的偏見與仇恨，突破省籍、語言、種族與立場的圍牆，而彼此關懷、彼此體貼、彼此接納、彼此相愛，來建設光明又美麗的台灣，來促進人類的公義、和平與進步。

　　奉主耶穌基督的名禱告。阿們。

（作者為前台灣基督長老教會總幹事，
本文原刊於《曠野雜誌》25 期，1991 年 1 ／ 2 月）

真平安

／周聯華

福音就是好消息！在這慶祝耶穌基督聖誕的十二月，不能不想到天使最早所報的佳音。

在天上榮耀歸於上帝，
在地上平安歸於祂所喜悅的人。

耶穌一生的努力，包括祂死在十字架上，甚至死而復活，就是要使世人成為上帝所喜悅的人，而得到平安。

根據使徒保羅總括耶穌的聖工，就是和好二字：「上帝在基督裡，叫世人與自己和好。」（哥林多前書五章 19 節）人本來在過犯罪孽之中，「上帝使那無罪的〔耶穌〕替我們成為罪，好叫我們在祂裡面成為上帝的義」（哥林多前書五章 21 節），也就是說：我們因耶穌和好的工作稱義了、得救了，成為上帝的兒女了。

這並不是說：基督徒有了這身分就可以驕傲自大，等著將來有一天被接到天堂去享受永生的福氣，而是在世上的時間接受「勸人與上帝和好的職分」，也傳播這和好的福音。

和好的第一層次是「基督使我們與上帝和好」，第二層

次是「人與人的和好」。凡是已經與上帝和好的人一定與人和好。保羅在以弗所書很清楚記載著耶穌使人與人和好的聖工：「如今卻在基督耶穌裡，靠著祂的血（祂的死）已經得親近了（保羅說的是猶太人和外邦人的親近），因祂使我們和睦（也就是和好），將兩下合而為一，拆毀了中間隔斷的牆（在當年聖殿中有一片牆分隔了猶太人和外邦人，使兩下產生了分歧），而且以自己的身體，廢掉〔猶太人和外邦人的〕冤仇⋯⋯〔耶穌〕既在十字架上滅了冤仇，便藉這十字架使兩下歸為一體，與上帝和好了。」（以弗所書二章 13 到 16 節）

保羅這一段記載是歷史的，聖經之所以為聖經，正在於它是永恆的，它能應用到今天的社會中。基督徒並不是活在過去，而是活在今天。基督徒看到哪裡有「隔斷的牆」？哪裡有冤仇？就應該去傳和好的福音。耶穌基督在十字架上的犧牲、所流的寶血也能「拆毀」今天「中間隔斷的牆」，「廢掉」今天的「冤仇」。

三十六年前上帝呼召我到台灣來工作，在一個炎熱的八月天於基隆碼頭登岸，我知道無論我講道、教書、寫作，我要愛這塊土地，這是上帝給我的「應許之地」。我知道這對我一點也不困難，因為這裡住的是我的弟兄姐妹和我的同胞。

在我這短短三十幾年服事上帝和服務在台灣的人群中，我發覺在以前大家不大講，事實始終存在，而最近因為政治氣候改變，把原先蘊藏在心裡的逐漸表達在外面，所謂「本

省人」和「外省人」中間的分歧。我自己從來沒有如此分過，一般人是難免的。雖然在「公眾場合」，我們都是中國人，不過在私底下，還是有本省人和外省人之分。其實，外省人中也有許多省分，好比廣東、廣西、河南、河北、山東、山西……等等不同的省。想當年在抗戰的時候，許多不同省籍的人都到四川，四川人也把所有不是四川的「外省人」叫「下江佬」，假如當年有台灣人在四川，也是四川的「外省人」，這是事實，不容否認的。但不能因為「省籍」而有分歧，在某些地方似乎還有冤仇。

經過許多人的分析，也是我這些年到處講道、接觸的經驗，認為「二二八」也許是「中間隔斷的牆」。我不是歷史學家，可以去探討當年的史實；我不是社會學家，可以去研究造成二二八的社會因素；我不是法學家，可以去判定當年的黑白是非；我只是一個耶穌基督的僕人，我只聽見聖經上的話，也只信它，知道即使中間有隔斷的牆，耶穌也能拆毀，即使兩下有冤仇，耶穌也能廢掉。假如這對別人有困難的話，對基督徒應該沒有困難。從我們基督徒做起，然後普及到整個社會。我們基督徒若能做到這一點，在絕大多數都不是基督徒的社會中應該是一個美好的見證——基督是有能力改變的，而所改變的是最難改變的心。

和好福音後面的原動力是基督，特別是基督對饒恕的教訓，因為我們的福音也是饒恕的福音。只有饒恕以後，才能和好。

人不容易饒恕人，別人做了一件錯事自己會永遠記得；

別人對不起他，他更永不忘記。兩方面的「懷恨」也會愈來愈深，但是基督徒卻不是這樣。因為他已蒙耶穌饒恕，任何一個人，包括聖賢在內，都虧欠上帝和別人。耶穌告訴我們：「你們饒恕人的過犯，你們的天父也必饒恕你們的過犯；你們若不饒恕人的過犯，你們的天父也必不饒恕你們的過犯。」（馬太福音六章 14 節）基督徒的饒恕應該絲毫不勉強，十分自然。

因此像二二八這樣的事情，雖然我沒有親自經歷，我只是聽雙方的報導，但是每一個告訴我這件事的人，都報告得那麼悲悽、那麼動人；它們一定是真的。我接受他們每一位的敘述，我不加評論。我只希望兩件事：一是這事沒有發生，但是這是不可能的；二是讓過去的過去，互相饒恕、和好。我不夠資格代表任何人，我只是跟和我有同樣心態、從民國三十六年以後來的、把這塊土地當作自己的土地，希望不分省籍，只有一條心來愛台灣，也希望有一天會回大陸，一起建設大陸的一個人，我代表著他們向所有二二八的受難家屬，尤其是因著誤解而造成二二八事件中受傷害的本省同胞道歉，說聲：「對不起，請原諒！」

個人的能力是有限的，但是上帝的能力是無窮的，人做不到，上帝都做得到。我們恭敬地把未來的「和好」交在上帝手裡。也只有上帝能給我們平安──真平安，求上帝賞賜平安。

（作者為前台北懷恩堂董事長，
本文原刊於《曠野雜誌》25 期，1991 年 1 ／ 2 月）

朋友在乎時常關懷 兄弟在乎分擔憂患

／翁修恭

箴言十七章 17 節
以弗所書二章 13～18 節

感謝主的恩典，賜給我們這美好的機會，能夠集聚一堂共同為尊重人權、紀念二二八，舉行「一九九○平安禮拜」。願一切的榮耀歸與上主，並藉著這禮拜領受祂賜給我們的平安。

聖經中充滿平安的信息，耶穌誕生的時候，天使天軍配著美妙的音樂齊報平安好消息。平安也是耶穌所宣講信息中的一個主題，是祂賜給人類的福分。耶穌差遣門徒出去的時候告訴他們說：「你們進入一家，就說：『願你們平安』。如果這家的人歡迎你們，你們為他們求的平安就臨到這家。」（馬太福音十章 13 節）耶穌吩咐門徒把平安帶給人。

耶穌不但宣講平安的福音，也答應要將祂的平安賜給我們。祂說：「我留下平安給你們，我把自己的平安賜給你們。我所給你們的，跟世人所給的不同。你們心裡不要愁煩，也不要害怕。」（約翰福音十四章 27 節）

平安是人人所喜愛且一心一意想追求的，但真正的平安

不容易得到。我們所得到的往往是假平安或表面上的平安，而不是真平安。先知耶利米說：「他們看我子民的創傷不足輕重。他們說：『沒有問題！沒有問題！』其實問題嚴重。」（耶利米書六章 14 節，現代中文譯本）這句話在和合本聖經的翻譯是：「他們輕輕忽忽地醫治我百姓的損傷說：『平安了！平安了！』其實沒有平安。」

平安了！平安了！其實沒有平安

耶利米的話可以適用於現在的台灣社會，因為我們沒有真正的平安，所以今天才舉行「平安禮拜」來求主賜給我們平安。我們也藉著這禮拜來表達渴慕平安的心意，並表示為實現平安願意同心合意攜手前進。

這一次的「平安禮拜」是台灣教會史上一個創舉，也是信仰上的一個突破。我們台灣地區的教會過去曾有幾次的合作，約十幾年前舉辦的葛理翰布道大會以及目前進行中的「二〇〇〇年福音運動」，都是全體教會參加的事工，但這些是屬於事工性的活動。而這一次的「平安禮拜」是屬於信仰性的活動，具有表達信仰、對外見證、關懷社會的意義。

尊重人權、紀念二二八這樣的問題，不要說是在戒嚴時期，即使在解嚴後的今天，對某些人而言還是相當的敏感，這是為什麼有些人士不便參加的一個原因。可見，我們社會還存在某些問題，人們心裡仍有壓力存在。雖然我們口口聲聲說有平安，其實沒有真正的平安。

目前有關二二八事件的看法，大致可分為三種：第一種

人不承認有不平安的事實，他們認為，我們的社會哪裡有不平安？經濟進步發展、人民生活富足、社會一片祥和、人人幸福快樂，一切都是那麼美好。雖然在發展的過程中難免有一些脫序或缺陷，但像這樣的事任何國家或社會都會發生，何必大驚小怪。只要我們上下同心協力，一定會克服困難，解決問題。

這種人也認為所謂的省籍歧視問題並不存在，現在本省與外省通婚的人口已高達百分之三十，事實上省籍融合正在快速進行中。這時候提出二二八事件並以它作為主題來舉行禮拜，無異是承認不平安的事實，何必如此借題發揮、小題大作。

可是我們若從先知耶利米的話：「他們看我子民的創傷不足輕重」的角度來看，這是一種錯誤的診斷：只看表面不深入去探究藏在人們心裡深層的感受。錯誤的診斷比錯誤的治療可能對病人的傷害更為嚴重。明明是癌症，卻把它診斷為良性的瘤，而耽誤治療的時機，診斷的醫師要負很大的責任。我們應該去聽聽那些受難者及他們家屬的怨忿，才能發掘真正問題的癥結，而對症下藥，予以有效的解決。有病切莫忌醫，只有面對現實，才能從根本來解決問題。

第二種人雖然承認過去發生的不幸事件帶來不平安的事實，但他們不贊成舊事重提，也不同意教會參與政治。他們主張政教應該分離，教會有教會關心的領域，政治的事應該由政府去處理，教會不宜過問，因為耶穌教我們：「把凱撒的東西給凱撒，把上帝的東西給上帝。」（馬太福音二十二

章 21 節）政治是屬於凱撒的東西，教會最好不要插手。而且教會這時候提出二二八這種敏感的問題，會被誤以為教會在撩起舊痕，興風作浪，教會何必如此捲入政治旋渦呢？

但根據聖經的教訓，教會應該以積極的態度關心社會。舉辦「平安禮拜」的目的不是為撩起舊痕，而是為要療傷止痛。傷痕治癒了才有平安。耶穌對一個患血崩病的女人說：「孩子，你的信心救了你！平安地回去吧，你的病痛消除了。」（馬可福音五章 34 節）耶穌不僅治病，並且賜給平安。醫治是耶穌傳道生涯中的一項主要工作，也是教會的重要使命，今天舉行「平安禮拜」就是一種治療的工作。

第三種人承認社會上有不平安的事實，也勇敢面對現實，採取有效對策解決問題，為社會帶來平安。過去曾經有些教會舉辦二二八受難者的追思禮拜，也呼籲政府善處並撫慰受難者及他們的家屬，補償其損害。這一次由一些年輕的同道基於基督的愛及和睦的精神，籌備並發起舉行「平安禮拜」，此計畫提出後獲得許多教會團體、福音機構及個人的贊同響應，並得到主內弟兄姊妹及社會人士踴躍參加，實在令人感動。我們在此看見聖靈的同在、感動及帶領，實在感恩不盡。

上帝說：你們要安慰我的子民，要安慰他們

二二八事件的受難者及他們的家屬，包括本省人及外省人，都需要我們的關懷。我們應該站在他們的立場來瞭解他們的處境及感受。他們大部分的人還心存怨恨，甚至有些受

難者仍然下落不明，怎麼能夠使他們的家屬得到撫慰呢？政府當局雖然表示要善處，但迄未有實際具體的措施，盼有關當局盡速有所行動。

二二八事件不僅使一些人受難受害，也使整個社會一直籠罩著恐懼難安。那些受難者遭遇的是生命的傷害，但社會受到的是心理的創傷，引起憤懣及省籍歧見，而造成了無法癒合的傷痕。

這不幸的事件及它帶來的影響，我們不能忽視，而應該想辦法來加以消弭。政府有政府的措施，社會也有社會的方法，教會所應該做的則是治療的工作。這麼重大歷史事件發生的原因固然值得探討研究，一則為歷史討回個公道，二則避免錯誤重演，然而教會最重要的工作並不在於探究過去，而是醫治現在的傷痕。

聖經記載，有一次耶穌在路上看見一個生下來就瞎眼的人。祂的門徒問祂：「老師，這個人生來就瞎眼，是誰的罪造成的？是他自己的罪，還是他父母的罪呢？」耶穌回答：「他瞎眼跟他自己或他父母的罪都沒有關係，而是要在他身上彰顯上帝的能力。」（約翰福音九章 1～3 節）這位瞎眼的人的遭遇與二二八事件是不同性質的兩件事，但我們也可以藉耶穌所說的話做為處理二二八事件的準則。當前我們最迫切需要的是像耶穌一樣面對殘疾，開那個瞎子的眼睛使他看見，我們也要從人們的心裡把恐懼及怨恨消除，使他們的心靈得到平安，社會呈現和諧。

以賽亞記載上帝的話說：「你們要安慰我的子民，要安

慰他們。要鼓勵耶路撒冷的人民，告訴他們：他們的苦難已經夠了。有一個聲音說：去報消息！耶路撒冷啊，要大聲喊叫，不要害怕。」（以賽亞書四十章 1、2、9 節）

我們要藉著這禮拜來宣布上帝安慰受難者及他們家屬的好消息，並告訴居住在台灣寶島上的同胞：不要害怕——我們也要向大家宣布平安到來的好消息，因為和平的君王耶穌基督已經來臨了，祂帶著平安來到我們中間。

或許有人要說：四十年前發生的事件與我們有甚麼關係呢？我們並未參加事件，不是受害者也不是加害者，前人做的事為甚麼要我們來承擔責任？是的，我們雖然與事件沒有直接關聯，但站在信仰的立場，就不能擺脫關懷的責任，正如聖經所說：「一個肢體受苦，所有的肢體就一同受苦；一個肢體得榮耀，所有的肢體就一同快樂。」（哥林多前書十二章 26 節）基督徒對在此土地上發生的事應該抱持禍福同當、苦樂與共的連帶意識，特別對所發生的不幸事件覺得有一份責任，因為事前沒有努力防患於未然，事後也沒有足夠的勇氣面對現實解決問題，甚至連一句公道話也不敢說，實在覺得慚愧，且有罪惡感。

對二二八事件遺留下來的不良影響，作為一個基督徒不但要覺得慚愧，且需要積極去做消除遺害的工作。我們藉著這禮拜在上帝面前求祂饒恕，並互相認罪，彼此代禱，使我們得赦免。更重要的，就是藉著這禮拜激發我們以基督的愛互相期勉，並在上帝面前決志，善盡我們的一切力量來防止類似不幸事件重演。

朋友在乎時常關懷・兄弟在乎分擔憂患

信仰能幫助人使他對將來有美好的期望，箴言藉著：「朋友在乎時常關懷、兄弟在乎分擔憂患」（箴言十七章 17 節）這個對句表達得淋漓盡致，也是平安一詞最好的詮釋。平安不僅指人心靈寧靜的狀態，也包括人與人之間和睦的關係。撒迦利亞用一幅美麗的畫來描述這種關係：「那一天來到的時候，你們每一個人要請他的鄰居來，在葡萄樹和無花果樹下享受安寧。」（撒迦利亞書三章 10 節）這一次的「平安禮拜」是由大部分成員屬於國語教會信徒所組織的〈曠野社〉籌備發起，而邀請國台語雙方面教會的主內「鄰居」來參加。我們參加這禮拜好像坐在芒果樹和香蕉樹下談話的情形，覺得平安和喜樂。

這種平安要如何得到呢？箴言告訴我們，「時常關懷」和「分擔憂患」是獲得平安的方法。關懷是指把別人的事當作自己的事一般地予以關心，分擔是再進一步去承擔別人的苦難。二二八事件的受難者及他們家屬的苦難也是我們的苦難，我們藉著關懷及承擔來減輕他們的痛苦。

台灣民間有「做平安」的習俗，其目的是要祈求平安。「做平安」的說法很有意思，這表示平安不僅靠祈求，也是要「做」出來。祈求是期望，但我們所期望的要藉著實際的行動去做，才能實現。我們舉行「平安禮拜」具有「做平安」的意義。今晚在此參加禮拜的弟兄姊妹們，大家聚集在一起，以同樣的心，為了同一個目的，向同一位主祈求，這

樣的行動本身就是「做平安」的具體表現。

我們藉著這禮拜來體會主賜給我們的真平安，然後把自己所經驗的平安帶到外面去散播，並與那些沒有平安的人分享主的平安。若我們自己沒有平安，彼此之間還有隔閡，怎麼能夠傳播平安？我們彼此之間的隔牆需要先予拆毀，才能要求別人拆毀社會上存在的分裂的牆。聖經說：「基督親自把和平賜給我們；祂使猶太人和外邦人合而為一，以自己的身體推倒那使他們互相敵對、使他們分裂的牆，祂廢除了猶太法律的誡命規條，為要使兩種人藉著祂的生命成為一種新人，得以和平相處。」（以弗所書二章 14～15 節）

國語教會和台語教會，外省信徒和本省信徒，一同來到上帝面前敬拜祂，這表示我們願意在主裡合而為一。我們求主使我們這兩種人藉著祂的生命成為新造的人，互相接納、彼此相愛，來建立基督的身體──教會在此土地上。

我們盼望以「朋友時常關懷、兄弟分擔憂患」的生活方式來建立我們的社會，促進台灣島上所有居民的團結與和諧。我們不但要為此禱告，也願意盡一份力量來促其實現。我們同心合意祈求上主，將祂的平安賜給我們，也賜給我們的國家及同胞。

（作者為前濟南長老教會主任牧師，
本文原刊於《曠野雜誌》25 期，1991 年 1 ／ 2 月）

張七郎遺族見證

／張玉蟬講述・
《曠野雜誌》編輯部整理

　　我是花蓮鳳林教會故張七郎長老的第三兒媳婦，也就是二二八事件中受難者的家屬。四十多年來，在解嚴以前，不能公開談二二八事件，而今天有這樣的機會，讓我站在眾人面前，說出四十多年的冤枉、悲哀和艱苦，實在非常感謝。

　　我今天要說的，是四十多年前，我的養父也是我的公公張七郎長老和他的大兒子、三兒子（我的丈夫）冤枉而死的經過；我的養母也就是我的婆婆詹金枝長老遇到那麼大的災難，她靠什麼力量勇敢站起來，維持破碎的家庭，並且養育子孫長大成人？

　　民國三十六年四月四日那晚，他們父子三人被槍殺，第二天天還沒有亮，一輛牛車載著三具泥污的屍體出現時，我的眼前一片黑暗，那種悲傷、痛苦，實在不是用任何話所能形容的。屍體放在客廳，我阿嫂一個三歲的小孩，站在祖父面前哭阿公，站在父親面前哭阿爸，站在叔叔面前哭阿叔。看到這景況的人，不僅眼睛流淚，就連膝蓋也會哭泣啊！那時，我開始懷疑上帝，我對阿嫂說：

　　「今天有上帝嗎？上帝在哪裡？若有上帝，怎麼會讓我

們遭受這麼大的災難！」

可是，我的母親面對這麼大的災難，卻對上帝沒有絲毫懷疑，沒有一聲咒罵。她強忍痛苦與悲哀，安排眼前的一切困難。她用眼淚洗清他們三人的屍體，她用雙手抱他們入棺，親自將他們埋葬。待辦完喪事，親友都回去了，她終於放聲大哭：

「父啊——我怕！父啊——我怕！」

她跪下大聲祈禱：

「父啊！上帝啊！我軟弱的時候扶持我、幫助我、賜給我力量，讓我能夠維持這破碎的家庭！」

從那天起，每晚，母親帶領我們做家庭禮拜，她教我們讀聖經、吟詩讚美上帝。半夜，有些時候我醒來，還聽到她祈禱和吟詩的聲音。白天，她在屋後山上工作，遠遠地，就聽到她吟詩讚美的聲音。她以堅強的信心和祈禱，將悲苦哀傷對上帝講。

而上帝聽她的禱告，賞賜智慧和勇氣給她。一方面，她開始寫訴冤狀，到處去伸冤，一次又一次……。有效嗎？當然沒有效。另一方面，她在後山做什麼工作呢？她一株一株地栽種檳榔。四十多年前，台灣很少人吃檳榔。那麼，她怎麼會想到種檳榔呢？這都是上帝賞賜她的智慧。

耶穌舉起雙手扶持她，一步一步引導前面的路。後來，全家的生活費、子孫的學費，都靠賣檳榔來維持。不但這樣，還有能力將子孫一個個送出國留學。上帝實在讓我們用得足夠，甚至有剩。

　　至於她做鳳林教會的長老三十多年，對教會又出錢又出力。她疼上帝的牧者，如同疼自己的子女。同時她關心山地教會，做他們的好朋友，需要幫忙的，她從不推辭。更難能可貴的，她幫助人從不分台灣人或外省人。有一個親戚曾對我母親講：

　　「妳一生幫助那麼多人，有人報答妳嗎？」

　　母親說：

　　「我做這些事，從不曾想過要人回報。」

　　民國七十一年元月五日，她過世了。同年十月，有一位年老的外省人抓一隻雞來，說要找七郎先生娘，他不知我母親已過世，他說：「我要報答她。十幾年前，當我沒米煮飯時，是她送米給我，免我一家挨餓。如今我的子女都已長大，所以我抓一隻雞來報答她。」這樣的事，她一直是默默在做。

　　上帝用疼愛來醫治她喪夫喪子的傷痛，時間也沖淡了她曾經對外省人的恨。年老時，在她的孫媳婦中間，有兩個是外省人，她已經完全接納外省人了。

　　我想，台灣人、外省人都是自己人。我們應該一條心，為台灣的前途努力。最後，我對政府有一個小小的要求，就是盼望能洗清我父親的罪名，還給他名譽和清白，這也是我母親生前最大的願望。

（講述者二二八受難家屬，

本文原刊於《曠野雜誌》25 期，1991 年 1 ／ 2 月）

• 張七郎的媳婦張玉蟬在「二二八平安禮拜」中傳達心聲。

• 二二八解除禁忌的重要關鍵之一 ──「二二八平安禮拜」現場。

2

• 願「二二八平安禮拜」是復和的開始。

迴響

宗教信仰與二二八

/蕭新煌

　　基督教的一份《曠野》雜誌，在一九九○年發起了一項名為「一九九○平安禮拜」的活動，擬邀本省和外省的知名教內代表人物來共同籌備，以化解二二八事件所帶來的長期省籍糾紛和矛盾情結。

　　長老教會總幹事楊啟壽牧師和最早發起「二二八公義和平運動」的陳永興醫師，都分別以教友身分對此活動表示肯定之態度。楊牧師已被邀為共同籌備委員，他說他很高興看到各教派能一起參加「平安禮拜」，為省籍矛盾的撫平而盡心力；他還說，長老教會一向沒有排斥外省弟兄。陳醫師也表示如果受邀，他會樂意參加。他認為由教會內外省教友組成而又具有反省、思考能力的《曠野》雜誌來發起，更是一個突破性的作為。

　　除了這樁以民間宗教力量來嘗試弭平省籍糾結的新聞外，近日也傳出官方的另一個撫平「二二八」歷史傷痕的動作，同樣也有邀請宗教人物參與的構想。這是由總統府提出的構想，交由行政院成立「專案小組」，研擬具體解決方案，據說，擔任先後總統家庭牧師的周聯華與翁修恭牧師，都在政府考慮邀請的名單中。

　　這兩件都涉及「二二八」與宗教的新聞，近日來讓我感觸不少。因為家中發生的事故，我對於人的生老病死有了另一層不同的體會，而宗教對此人生的四大事，也始終有著某種分不開的詮釋和慰藉力量。宗教與個人的生命有如此的關係，是不是對政治的生命也如此呢？

　　歷史上，戰爭、政治鬥爭和人權的迫害，都曾讓許許多多無辜個人的寶貴生命犧牲掉，宗教也一再的在「悲劇」事後提供了不少慰藉力量的來源，但還是永遠不能在事先阻止那周而復始的政治悲劇。

　　我不是基督徒，也沒有隸屬哪個宗教團體，但始終欣賞、肯定任何宗教對人生的意義。如今基督徒想走出人生的範疇，想對「二二八」此一政治色彩十足的歷史悲劇，也做一些宗教的詮釋和慰藉的努力，我實在有著由衷的感佩之情。可是，我也深深感覺到，如果主政者或政客，對人的生命尊重誠意依舊不夠，政治倫理依舊不重視，對政治是非對錯依然不分清，就算不分省籍的教友如何攜手共同努力撫平傷痕，也就算「過去的二二八」可以暫時忘懷，「未來的二二八」恐怕也將難以根本避免。

　　　　　　　　　　　　　　（作者為台大社會系教授，
本文原刊於《自立早報》，1990 年 11 月 4 日）

用宗教愛心化解二二八情結

／胡忠信

　　根據報紙報導，由一群外省籍第二代基督徒所發起，以「一九九○平安禮拜——尊重人權・紀念二二八」為主題的教會活動，將於十二月八日在台北懷恩堂舉行，並將由外省籍的周聯華與本省籍的翁修恭牧師，分別以台語和國語聯合主持。

　　發起人蘇南洲表示：「這些外省籍第二代基督徒，感覺到二二八事件是造成省籍心結的源頭，因此站在宗教信仰上，首先要面對的是二二八；而這次「平安禮拜」便是希望以信仰立場對二二八事件表示歉意，呼籲化解省籍心結，也因而才會邀請周聯華牧師以台語，翁修恭牧師用國語聯合主持。」看到這則新聞，立即使我回想到三年多以前，在洛杉磯所舉辦的「林茂生百週年冥誕紀念禮拜」；由於我擔任這項活動的執行秘書，為了使禮拜儀式莊嚴肅穆，充滿歷史意義，我與林宗義、林宗光教授昆仲，幾經物色，才找到一家具有百年以上歷史的西班牙式古老教堂，在那裡舉行二二八受難者林茂生教授的追思禮拜。

　　在禮拜之前，我看到林茂生的女兒林詠梅在教堂門口，聲嘶力竭，號咷大哭，似乎要把壓在心中已四十年的鬱結全

部奔放出來；而林宗義、林宗光亦強忍悲痛，以極度克制情緒的表情，來參加這項遲來四十年的追思禮拜。

這場禮拜以「上帝是愛」作為主題，由黃武東牧師擔任講道；由於黃武東曾經歷喪子之痛，他更能一針見血地站在受難家屬立場，以宗教家慈悲安詳的口吻，安慰林茂生家屬。這是令我難忘的一次宗教儀式，當禮拜結束之後，林宗義、林宗光、林詠梅以寧靜、平和、天使般的神采步出會場，與先前的抑鬱、哀痛、晦澀判若兩人。「哀慟的人有福了，因為他們必得安慰。」我猛然想起，耶穌這句話的真實含義。

如今，看到有一群外省籍第二代基督徒，主動以二二八作為主題，舉行一場「平安禮拜」，「他們冀盼以實際的信仰行動來化解省籍心結」，其動機之良善、胸襟之坦蕩、意義之深遠，是值得我們鼓舞與欽佩的！

在耶穌的教訓中，最有名的比喻，就是「好撒瑪利亞人」的故事。

耶穌形容，有一個猶太人，在路上被強盜搶劫，衣服被剝了，還被打得半死，在路上呻吟。有一個祭司經過，看也不看一眼就走了；另有一個學者經過，也不加理睬就走了。有一個撒瑪利亞人經過，看到就動了慈心，上前用油和酒倒在猶太人的傷處，替他包紮傷口，並扶他騎上驢子，帶到旅館去照顧，第二天，他拿出二錢銀子給店主說：「請你照顧他，不夠的費用，我回來必還給你。」

耶穌用「撒瑪利亞人」作比喻的主要對象，來治療、救

助被打傷的猶太人，是別有用意的。在歷史上，撒瑪利亞人與猶太人比鄰而居，兩族人民雖有血緣關係，但撒瑪利亞人曾引導波斯大軍攻打猶太人，甚至在耶穌出生前一代，撒瑪利亞人還引羅馬兵入關，攻打猶太人，在耶穌生長的那個時代，撒瑪利亞人與猶太人因歷史宿怨而形同水火，雙方互相歧視，老死不相往來。

然而，耶穌對猶太聽眾講比喻時，卻偏偏以「外省人」撒瑪利亞人替猶太人療傷止痛為主題，來呈現「愛你的鄰舍」、「愛你的敵人」這個宗教最高情操；反之，卻呈現出祭司、學者等統治階級對人民傷痛的冷漠與置若罔聞。

前行政院長俞國華曾說，二二八事件正如滿州人入關一樣，死了人是免不了的；李登輝總統則希望，大家以愛心看待二二八，不要再談二二八，不要看過去，要看未來。俞國華與李登輝的談話，與耶穌比喻中的祭司、學者的表現不正一樣嗎？

基督教所講的上帝，是「憐憫的上帝」，也是「公義的上帝」，更是「用行動表示愛心的上帝」；基督教信仰強調，「和解」與「寬恕」是人際關係的主題；從這個立場來看，蘇南洲等外省籍第二代基督徒的行為是有遠見的，充滿愛心的，他們以實際行動來化解台灣人的「集體潛意識」傷口，這是完全符合耶穌基督的教訓的！

德國前總理布朗德在當政之後，曾前往以色列，在六百萬被納粹屠殺的猶太人紀念碑前下跪致歉；蘇聯總統戈巴契夫為了改善與波蘭的關係，公開向波蘭人民表示，史達林在

二次大戰期間屠殺數萬波蘭軍人是錯誤的，戈氏為此向波蘭人民致歉。布朗德與戈巴契夫都了解，為了丟掉前人的歷史包袱，化解民族間的衝突，必須向受害者表示歉意，如此才能使國家邁向新階段，全力迎向未來。

　　台灣的外省籍第二代基督徒有這種見識，他們已經有所行動，不知台灣的當政者有這種見識沒有？

（作者為知名政論家，

本文原刊於《自立晚報》，1990 年 11 月 12 日）

●「二二八平安禮拜」希望以信仰立場對二二八事件表示歉意。

歷史與饒恕

——「二二八平安禮拜」的福音意義

／徐亞伯

　　若歷史不能見證它親眼目睹的一切，它就不再訴說真理；若事實不能在事實中找到展示的舞臺，人類世界便只能倚靠謊言度日！在古老的中國，雖曾有皇上為掩飾自己的罪行而下令「修改」歷史，但史家的筆卻仍銳過斷頭利刀；在遠古的舊約時期，先知的口更在死亡的世代殺出條條的生命血路，縱使舉國仍以犯罪為樂，縱使公平已經傾頹，正義已經淪喪，古今中外，史家的筆未曾罄墨，先知的口也不曾噤聲。

　　即使世界果真像某些史家所慨嘆的：「人類永遠無法從歷史學習到教訓」，聖經的作者卻仍總是記得褒揚市井小民的義舉，也不忘指責仗勢欺人的權貴和惡行昭彰的君王。對於後代，聖經更以祖宗敗德的歷史為殷鑑，三番四次警戒、勸勉他們，甚至要後代子孫「不可像他們的祖宗」行詭詐、悖逆神（如詩篇七十八篇）。新約在說到當時猶太人抵擋彌賽亞時，也將他們與殺害先知的祖宗同列（如馬太福音廿三章；路加福音十一章）。由是，歷史是一面鏡子，反映過去

的事實，也反映出站在它面前隨時等候批判的當代真相。若是任何事意欲逃過歷史的鑑察，豈不是隻手遮天，自欺欺人！因為，「隱藏的事沒有不顯露出來的」！

在宣告耶和華是有憐憫有恩典的神、不輕易發怒之後，祂豈不也同時宣告耶和華萬不以有罪的為無罪，祂必追討他們的罪，自父及子直到三四代（出埃及記卅四章）！即使被擄的猶太人曾向神抱怨，為何父親吃了酸葡萄，兒子的牙齒卻酸倒？為何兒子要擔當父親的罪孽？耶和華也曾藉以西結的口應許，兒子必不再擔當父親的罪孽，父親也不再擔當兒子的罪孽，只是，各人仍得為自己的過失負責，為自己的罪孽擔刑（以西結書十八章）。

若有作惡的想僥免於歷史之主的最終制裁，豈非癡人說夢，愚昧有餘！因主說：「申冤在我，我必報應。」歷史豈容欺瞞，天眼豈能蒙蔽？但如今，我們卻蒙神的恩典，因耶穌基督的救贖就白白稱義。神設立耶穌作挽回祭，是憑著耶穌的血，藉著人的信，為要：(1)顯明神的義，因為祂用忍耐的心寬容人先時所犯的罪，好在今時顯明祂的義；(2)使人知道祂自己為義；(3)稱信耶穌的人為義（羅馬書三章 25-26 節）。

神的義彰顯在蒙恩稱義之人的身上，不僅藉著耶穌的死與復活，更藉著我們彼此之間互相稱義。祂在我們還作罪人的時候就為我們死了，當然也要我們在別人還是罪人的時候，就主動與對方和好。主禱文裡，要我們求主免我們的債，「如同」我們免了別人的債；我們若不饒恕別人的過

犯，我們的天父也「必不」饒恕我們的過犯。那蒙主人赦免千萬兩銀子的僕人，若不能赦免欠他十兩銀子的同伴，豈有不被扔回監裡的道理！不過，這一切稱義、饒恕的果效都必須有一個前提：**承認所犯的錯**。仇恨固然會吞噬理智和良知，但隱藏罪惡更使骨髓枯乾，終日唉哼。

天地的主從不偏向慈愛而不顧公義，祂也從不為了維護正義而罔顧恩典。祂就是為此而步入人類歷史的舞臺，為此而生，為此而成為祭牲，也為此而復活。作為基督身體的當代教會，豈可不顧歷史的傷痕而互道平安？又豈能只顧向耶和華獻祭、唱新歌，卻不願公平如大水滾滾，使公義如江河滔滔？（參阿摩司書第五章）

為承擔教會的職任，為見證基督的愛，為傳揚和好的福音，為醫治二二八事件所造成的歷史傷口，一群基督徒願意以禮拜的方式，表達他們對斯土斯民的關切與愛護，期盼在基督裡人與人之間完全沒有罅隙的福音，能落實在我們共有的這塊土地上，攜手同創足以共享的璀璨未來。

誰說「平安禮拜」不是福音？誰有權忘卻歷史的疼痛？又有誰載得起心中長年的恐懼和仇恨？「復和的神學」必須在我們的土地上生根，「和好的福音」必須在我們的心中開放，那麼明天，我們才能結出幸福的果實。

（作者為前華神出版社社長）

進一步融合省籍歧見

——支持〈曠野社〉的「平安禮拜」活動

／《台灣時報》社論

　　一個由外省籍基督徒為主的團體〈曠野社〉所發起的「尊重人權・紀念二二八」「平安禮拜」，正在加緊籌備，並訂於十二月八日舉行。這是一個包括國、台語系統的廿一個教會團體和廿六個各界人士所共同發起的大型教會禮拜活動，包容力大，組織動員工作亦極龐大，但這些並不足為奇，它令人感動的是下列三個設計及其意義：

　　(1)發起這項活動的是一群外省人第二代，他們宣稱自己是「本省人第一代」，而不願再被視為「外省人第二代」。這樣一種自願融入台灣社會、認同台灣社會的意願，相當突出。與老一輩的外省人統治階層只把台灣當「客棧」、當「跳板」的心態相比，有天壤之別。

　　(2)這項活動挑選了本省人與外省人之間最深沉悲痛的一道傷痕——二二八事件為主題，並邀請二二八事件的受難者家屬以及基督教各宗派的領袖參加，希望以宗教活動的親和與關愛來縫補那一道傷痕。

　　(3)在設計禮拜過程時，刻意安排外省籍牧師用台語，並

由本省籍牧師用國語先後證道。這項設計所要強調的是不同語言的互相尊重、和平共處，以及逐漸融合，用心可謂良苦。

我們認為這項正在籌備中的活動可能是到目前為止手段最平和、出發點最良善，以及包容性最強的二二八紀念方式。紀念二二八，我們認為有三個步驟，其一是挖掘事件真相，使它成為一個歷史殷鑑，這多少要用到學術研究的方式；其二是在還來得及的時候，逼迫政府採行物質上或精神上的彌補措施，這多少要用到社會運動的方式；其三是省籍歧見的撫平以及社會融合的社會教育，這多少要用到宗教活動的方式。

我們不認為台灣社會中目前還有嚴重的省籍歧見。事實上省籍融合正在快速進行中，據統計，本省外省通婚的人口比率已高達百分之三十，其他透過同學、同事，以及其他生活上的社會工程，一種良性循環已經明顯出現多年，但由於下面幾個原因，省籍歧異仍然是我國政治上的一個問題：

(1) 二二八事件及以後歷次政治整肅事件中，直接間接的受難人和受難家屬，他們大多心存怨恨，而我們的政府極少做撫慰的工作，它們事實都已平反，但只是人民藉由選票予以間接平反而非政府的直接平反。這類人群的怨恨很自然地會藉著省籍歧異來表達，愈表達愈合理化，久而久之會成為一種思想、一種意識形態，一種立場。

(2) 國民政府自播遷台灣以來，統一語言、控制思想以及推行國語的措施做得太過火、太過法西斯，以至於嚴重壓抑

了方言、種族母語，以及本土文化的自然發展。這種政策近年來雖略有改善，但至今猶存在於廣電管理和教育政策之中。它實在是省籍歧異一直無法完全消除的主要原因，因為它造成了語言歧視和文化歧視，也使許多特別珍視本土文化的人士產生被迫害的憤懣，這種憤懣再投注到政治上的反對運動之中，乃成為一個無法癒合的傷痕。

(3) 前述兩個現象在台灣製造了一種悲情的台灣人族群，他們在政界、文藝界和其他各行業都有，他們把「台灣」視為一種圖騰，把「台灣人」的定義和範疇做了相當嚴格的設定，把「愛台灣」視為一種情操或一種勇氣，把「本土的」與「外來的」一切視為無法相容的敵對體，甚至於將是否認同台灣與是否參加反對運動或是否贊成台獨畫上等號。

前述三個現象至今猶在，它們在短期內似難完全消除，這就是我們要特別珍視以外省人第二代為主的這群基督徒所籌劃的這項禮拜活動的原因，該項宗教活動向全社會傳布的訊息是容忍與關愛，一種不帶任何預設立場與意識的容忍與關愛。我們在此願為該項活動引申一種凡人的想法：台灣是大家的台灣，不只是台獨論者或反台獨論者的台灣。愛台灣不是哪一個政治團體的專利，愛台灣不是每天大聲說「愛台灣」才叫作愛台灣，每一個在這裡長期定居的人民只要敬業樂群、守法守分、關心社區環境，行有餘力管管與個人切身有關的公共事務，這樣的台灣人居絕大多數，這樣的台灣人事實上已用日常行為充分表達了對台灣這塊土地的愛與認同。我們要發揚這種小愛、平凡的愛。集合每一個小小個人

的平凡的小愛，便可以維繫一個平和的社會。但願此次「尊重人權・紀念二二八」「平安禮拜」能順利進行。

（本文原刊於《台灣時報》，1990 年 11 月 19 日）

● 「二二八平安禮拜」冀盼以實際的信仰行動化解省籍心結。

在曠野中挺身承擔苦難

／楊憲宏

　　由〈曠野社〉發起的「一九九○年平安禮拜──尊重人權、紀念二二八」，在周聯華與翁修恭牧師交換平日證道的語言（分別以台語與國語證道），在祥和的氣氛下，唱平安夜、點燭光中圓滿完成。

　　基督徒的「傷痕神學」與進步，勇於面對世間壓力的精神，再一次讓社會打開和平的希望之門；雖然在這個「做平安」的日子，黃華以叛亂罪名被判了十年重刑很教人痛心，可是也許這是這個社會必須背負的十字架。翁修恭牧師證道時引用聖經哥林多前書說：「一個肢體受苦，所有的肢體就一同受苦」；周聯華牧師引用馬太福音說：「你們若不饒恕人的過犯，你們的天父也必不饒恕你們的過犯。」在在擘解著仇恨與關愛、戰爭與和平的矛盾雙重難題；十二月八日這個日子，不但是台灣教會史上的重大紀念日，也是對台灣政治史具有重大意義的日子。

　　行政院長郝柏村願意親臨這個和解意義隆重的「平安禮拜」，必然對他個人的政治生涯有決定性的助益，可是他應該同時去體會基督教精神想改變的不只是表面的牆，而是周聯華牧師所說：「最難改變的心。」

在懷恩堂眾人一再合唱「平安夜」時，想到在高雄事件被捕下獄的高俊明牧師，如今回到基督徒的殿堂，與六十多位國台語教會牧師一同主持禮拜，對於台灣基督教的進步與勇氣有深深的敬意。在菲律賓人民推翻馬可仕政權的時代，天主教修女曾站在戰車前唸著玫瑰經請求著士兵：「別開火，我們是兄弟……」而挽救了一場可能的浩劫，今天的台灣基督教正在努力治療著人性的創傷，這場「一九九〇平安禮拜」令人感動，也教人體會這份信仰的慈悲力量堅韌而深遠。

這次「平安禮拜」的籌備委員會涵蓋了台灣重要的基督教團體，許多團體並沒有社會知名度，他們多年來默默結社，可是出力堅決，顯示著台灣民間力量的無限可能。他們在共同宗旨上說：「台灣社會正面臨歷史轉捩的關口，正是基督信仰最能發揮止痛療傷、再造生機的時機，亦有賴所有基督徒挺身出來承擔苦難與責任。」挺身出來承擔苦難與責任，是今日社會最缺乏的人文氣質；在風雨飄搖的日子裡，竟有如此的燭光照耀，對往後還要走漫漫民主長路的台灣，應有所安慰吧？

（作者為知名政論家，
本文原刊於《自由時報》，1990 年 12 月 10 日）

撫平傷痕的開始

／瞿海源

　　由基督教〈曠野社〉發起主辦的「尊重人權，紀念二二八」的「平安禮拜」是成功感人而發人深省的。外省第二代的基督徒能有這樣的洞識與勇氣，排除萬難促成這個有重大意義的禮拜，其間實在有深意。周聯華和翁修恭兩位牧師的證道詞，高俊明牧師的禱告所含蘊的寬容與無私的期待令人感動。郝柏村院長出人意料全程參加禮拜有戲劇性的效果，也顯現了起碼的誠意。但從十一日記者會上郝揆所表達的意見來看，他似乎還未能透徹了解問題的關鍵。

　　就「平安禮拜」本身而言，是成功的，也是撫平傷痕很好的起始。然而，二二八是非常嚴重的悲劇，要真正有效療傷止痛還要有超乎尋常的努力，尤其是政府當局。郝柏村懷恩堂一行，象徵的意義固然不小，若不能有十足的誠意再謀解決，實質的效果將仍舊是非常有限的。正如翁牧師在證道裡所鄭重呼籲的，大部分受難者還心存怨恨，甚至有些受難者仍然下落不明，怎麼能夠使他們的家屬得到撫慰呢？「政府當局雖然表示要善處，但迄未有實際具體的措施，盼有關當局盡速有所行動」。一家三口罹難的張七郎醫師的三媳張玉蟬素樸的要求，更呼應了翁牧師的洞見，她描述幾十年來

深沉的悲痛感受，那就是「冤枉、悲哀、艱苦」，因此她也一再要求還給張家父子清白。對於這樣的期望，政府若不能真誠地給予滿足，恐怕這歷史的深沉的鬱結將不易紓解。

相對於此，政府領導階層對二二八對現時社會政治的影響，可能還未能有深切的體認，在相關可能的解決策略中大概也還不夠積極。就以郝揆在十一日記者會上的正式談話而論，多少顯得解決問題的企圖心不是很旺盛。用「兄弟之間一時的誤會」來解釋，恐怕是很不夠的。二二八事件中，依保守的估計也有三萬人遇難，這不是用誤會可以充分解釋的。雖然郝揆也認為「有難以磨滅、事實上也磨滅不掉的傷痕」，他也很漂亮地說「我們今天要做的，就是如何發揮手足之情來撫平傷痕」，但是反覆細察這一段談話，卻看不出政府有什麼具體的措施或突破性的策略來撫平傷痕。在盛讚追思禮拜非常成功、非常好、非常有意義之外，並沒有令人略感欣慰的具體宣示，更無還給死難者清白，真正平撫家屬冤枉、悲哀和艱苦的意圖的表達。

周聯華牧師在臺語證道中，讓人感到充分的真誠以及他對這塊土地的熱愛。他在證道詞的結尾說「我代表著他們向所有二二八的受難家屬，尤其是因著誤解而造成二二八事件中受傷害的本省同胞道歉，說聲：『對不起，請原諒』」。或許還會有人覺得這樣還不夠，但就周牧師的誠意而言，實已是難能可貴的。周牧師在六〇年代，就費心而又公正地為長老教會消滅了一些不必要的政治困擾，對於本省和外省籍的基督徒之間的和諧交融有極大的貢獻。這次他又能體察化

解二二八鬱結的必要，誠懇主領「平安禮拜」，發揮很大的影響力，實令人萬分敬佩。希望政府當局不要辜負周牧師的苦心和愛心，一定要誠心誠意以不敷衍的態度來解決這個問題。

由宗教界，尤其是由基督教界，更由外省第二代基督徒，來對二二八悲劇從事宗教禮拜，是一項了不起而極富智慧的規畫。不過，這個鬱結深沉複雜，為時也很久，再加上當前政治情勢微妙而又詭譎的發展形態，「平安禮拜」也只能算是化解問題的起步。宗教禮拜有超越世俗恩怨羈絆的特殊效益，藉著宗教淨化的力量在一定的範圍內有積極化解鬱結的功能。然而，二二八事件所造成的悲劇和遺憾終究不是宗教力量可以完全予以消融的。翁牧師引用聖經箴言「朋友在乎時常關懷，兄弟在乎分擔憂患」，期望大家來「做平安」，來促進臺灣島上所有居民的團結與和諧。可是我們必須注意，「我們的社會還存在某些問題，人們的心裡仍有壓力存在。雖然我們口口聲聲說有平安，其實沒有真正的平安」。周牧師的證道詞有一個篇名，就叫「真平安」。這兩位令人敬愛的牧師對平安的界定和對平安的衷心期待是這個「平安禮拜」最重要的訊息。然而，也就是這個訊息顯示了二二八傷痕才開始有癒合的跡象，而真正的平安還沒有來臨。在宗教力量的導引下，政府顯然必須痛下決心，對二二八事件做徹底的懺悔和充分的補償。否則，不僅辜負了兩位牧師，更對不起可敬的〈曠野社〉朋友竭誠啟動化解鬱結的苦心。

（作者為前中央研究院民族所研究員）

走出二二八的陰霾

——「二二八平安禮拜」有助化解歷史悲情

／《自由時報》社論

　　就在低溫冷鋒遠離而台灣稍暖之時，八日晚也有一項「尊重人權、紀念二二八」的「平安禮拜」在溫馨中舉行。這個結合本省籍和外省籍兩大基督教會系統的「平安禮拜」，為求化解歷史傷痕，廣泛關懷二二八並消弭省籍之間的衝突，特別發函邀請朝野政界重量級人士參與；其象徵意義立足於人道關懷之上，是以受邀之政界人士允宜出席，進而靜思誠心撫平台灣的歷史傷痕。

　　正如籌備此次「二二八平安禮拜」之〈曠野社〉強調，以苦難出身之基督教會更應積極面對苦難，因此這群新生代基督徒經過長達一年半的思索，為圓一個完整的宗教精神，遂以台灣本土的歷史悲痛「二二八事件」為訴求，期欲藉著宗教禮拜化解歷史傷痕；這些年輕基督徒認同本土且發自內心的誠摯行動，實可為拘泥統獨情結之政界人士的省思借鏡。

　　近年來朝野高舉之統獨象徵符號當中，常可嗅聞恐嚇詛咒的肅殺氣息，同時在「統一」或「台獨」的政治圖騰皆著

墨於未來台灣之縹緲形貌，卻對台灣現今之生存困境、以往之歷史悲痛缺乏切膚之痛的深刻體察，尤其執政者更對若干苦難事件不願表達起碼之人性悲憫情義，誠屬遺憾。

本報曾以社論多次呼籲執政當局，二二八事件實乃台灣苦難史之悲劇見證，亦是族群之間異質文化衝突的不幸事件；如今朝野已有「命運共同體」的認知，「外省人的第二代」已能蛻變為「本省人的第一代」，其凝聚之道勢難以政治外力強求一統，而需在彼此人格尊重下，共謀台灣命運體質之民主化，其中關懷本土、面對苦難則是朝野努力之課題。

對於少數人士將苦難二二八視為國民黨之符咒，我們無法贊同這類論調，惟執政黨有責任將二二八事件自白色恐怖冷鋒中解放出來，讓禁錮已久之悲情人性還原至該有的尊重位置；如今台灣宗教界已經不分省籍予二二八事件以神聖的悲憫，讓人性的憐愛流過歷史的苦難；這道直衝雲霄的人性之光，已替混沌已久的台灣政情探照出解環之路，朝野政界人士何不循此前進，齊入「台灣命運共同體」之境。

（本文原刊於《自由時報》，1990 年 12 月 8 日）

化解歷史傷痕跨出了一大步

——「二二八平安禮拜」的意義

／《中國時報》社論

「平安夜」的歌聲提早兩週降臨寶島，懷恩堂裡充滿淚水的「二二八平安禮拜」，洗滌了台灣四十年來的省籍心結，也平撫四十年來的歷史傷口。一場兼具愴痛感傷與寬容的見證，由於政府重要官員的參與，已顯示出，不論朝野、不論宗教信仰，今後所要追求的最高價值是愛，是揚棄仇恨，是情同手足。

人類最不幸的，便是自有人類以來，就有仇恨的存在。最早的部落之間的集體屠戮，及至有了國族的組織，社會上由種姓所形成的階級又何嘗不是對立與互相仇視？今天，國與國之間的敵意，區域之間的爭利，以及意識形態、信仰的殊異，都可能造成血流成河的毀滅性戰爭。

中國人的省籍情結，從歷史來觀察，毋寧是很自然的發展，東晉僑姓與郡姓兩大集團的對立，就是歷史上省籍衝突最詳盡的記錄。即以台灣本土而言，早期移民的福佬與客家的械鬥，也有著斑斑可考的史實。足見中國人口在因外族入侵或政治動亂而大幅流動之後，都難免有「僑姓」與「郡

姓」的心結，例如抗戰時期四川人對「下江人」的敵視，又何嘗不是僑、郡的變體翻版？

　　人與人之間的敵意，是否屬先天性的存在？至少舊約聖經中有「肯定」的答案。「創世記」中的一段寓言故事說，人類最早語言是統一的，後來因為要共同修建一座可以直通「天庭」的高塔，而驚動了天上的神。耶和華眼見人類驕傲自大、勢力不斷坐大，於是下令擾亂人類的語言，「使他們的語言彼此不通。」因為語言不通，結果人類無法同心合力建造那座高可通天的高塔。這段記載最值得玩味的，就是聖經一開始便指出語言的隔閡是造成人類不能合作的禍首。

　　如果根據這段記載，硬將語言差異而引致的敵意列入人類原罪的清單，似乎有簡化人際關係的傾向。但從現實面來觀察，人間大多數的衝突或仇恨豈非都是從誤解與缺少溝通而起？推而廣之，宗教信仰的差異；文化認同的差異；生活方式的差異；政治制度的差異；意識形態的差異等，又何嘗不是「語言差異」另一種形式的擴大？今天全世界的有識之士，無一不嚮往人類的大同世界，然而大同世界卻似愈來愈渺不可及。

　　然而原罪需要救贖，歷史的悲劇更不容重複演出，人類畢竟是有靈性的動物，神雖不願人將權力從凡間延伸至天堂，卻絕不願見人類在地上彼此手足相殘。人不能乘梯進入天國固是神意，但要在地上建立屬於自己的「天堂」，應該還有努力的餘地，而這個救贖的要訣就是容忍與寬恕。

　　胡適在三十年前便說過「容忍比自由更重要」這句話，

因為他看出，在中國人追求民主政治的過程中，談自由容易，要實踐容忍卻難上加難。然而民主政治中，抽掉了容忍，還剩下什麼呢？暴戾、武斷、自私、偏見，都是缺少容忍的產物。二二八事件的發生，不論其導火線是什麼，當時省籍的矛盾與當權者不能容忍異見應該是最重要的禍首。由於省籍的矛盾而產生對立與敵意，由於敵意而不能容忍，由於不能容忍而終肇大禍。

二二八事件造成的傷害達四十年之久，政府刻意掩飾真相與堅持不承認錯誤是最大的關鍵，不能容忍冤屈獲伸，從而使戾氣不斷累積，使省籍的矛盾隨之擴大。如今藉著「平安禮拜」的舉行，一方面希望受難者得到安息，另一方面也希望二二八的真相能夠大白。新約路加福音第十八章說：「神的選民，晝夜呼籲祂，祂縱然為他們忍了多時，豈不終究給他們伸冤麼？我告訴你們，要快快給他們伸冤了」。基督的精神固然是寬恕，但絕不是鄉愿式的和稀泥，而是嚴肅的面對冤屈，使冤屈得伸。

當然，我們知道，人的能力實在有限，人的肉體實在軟弱，想要從人間世來化解此一世紀性的慘痛創傷，確屬難事，但是我們欣見郝院長、許部長等政府高官都全程參加了「平安禮拜」，也欣見郝院長親自慰問了受難家屬，使全場都為之感動。這些雖只是為化解歷史悲痛跨出的第一步，但畢竟為泯除省籍的鴻溝做了相當可敬的貢獻。

宗教是超國界的，當然更是超省籍的，耶穌只說「我愛世人」，從未說祂只愛猶太人，祂甚至說：「我告訴你們，

要愛你們的仇敵」，這是何等寬恕的心胸。四十年來，歷史
的悲痛給予我們的應該是一面鏡子，而不是一把刀子，用這
面鏡子來照見那原罪的影子；用寬恕的心情，將此一原罪消
弭於無形，才是我們最終的目標。如果有一天，二二八的歷
史創傷，帶給所有居住在台灣兩千萬人的，終能一如周聯華
牧師證道時所說，他要愛這塊土地，這是上帝給他的「應許
之地」；他深知在這裡住的，「是他的兄弟姊妹和同胞」。
如果每一位不分外省、本省同胞都能因著內省而相互寬恕、
和好，結成一個命運共同體，則當年的死難者，也就可以瞑
目安息了。

（本文原刊於《中國時報》，1990 年 12 月 10 日）

• 林茂生／台大文學院院長，台灣
　第一位哲學博士，遇難時年六十。

• 李瑞漢／台北律師公會會長。
　與其弟李瑞峯於家中被帶走。

• 陳澄波／畫家，嘉義市參議員。
　因任「和平使」被綁槍決。

• 蕭朝金／高雄岡山教會牧師，三
　青團岡山地區負責人。死前受到
　酷刑。

3

• 李登輝總統出席二二八紀念音樂會，並與受難家屬見面。

咒詛與祝福

總要肢體彼此相顧

／翁修恭

　　一九九○年十二月八日在台北懷恩堂舉辦的「平安禮拜」會場上，十餘位二二八受難家屬首度勇敢地站出來表明身分，也接受了主辦單位本於關懷、安慰與致歉的獻花。會後，「平安禮拜」的原初構想者蘇南洲弟兄與我展開了一連串拜訪受難家屬的工作，在深刻感受到他們長期以來的痛苦、鬱悶、孤單之餘，便興起成立一個家屬團契的意念，期望藉著本於信仰、彼此交誼的團契活動，帶給受難家屬們安慰、關懷與鼓勵。

　　這個受難家屬團契的成長很快，除了教會人士加入外，也有不少教外的朋友前來參加，甚至有由外地專程趕來的；於是大家覺得需要把組織擴大，並在各地設立分會。幾經討論，決定籌備〈二二八關懷聯合會〉，邀請受難家屬及關懷者共同參與，期望消極地不讓類似不幸事件再度發生，積極地則是為社會求取更多的平安。也把工作目標大致分為三方面：

　　一、積極尋找受難家屬。

　　二、彼此安慰、鼓勵。

　　三、承接「平安禮拜」之宗旨，積極關懷整個社會的平

安。

〈二二八關懷聯合會籌備會〉成立以來，除了對內的撫慰工作之外，對外也陸續舉辦了幾項富教育意義的活動：等待禮拜、清明禮拜、「無語問蒼天」施放氣球、母親節關懷音樂會……等；另外更推派代表參加行政院「二二八專案小組」，代表全體受難者與政府接觸，尋求「二二八事件」最合理、妥善的解決方案。

《二二八關懷月刊》的出版，目的在繼續發掘「二二八事件」中許多不為人知的真相，也能尋找到更多受難家屬加入聯合會；另一方面也讓整個社會更了解二二八的真相、深遠影響，並能更多關懷這些飽受傷害的受難家屬。此外，這份刊物更期望不只針對過去，也能向前瞻望，為社會求取真正的和平、和諧、和睦。

聖經上說：「總要肢體彼此相顧。若一個肢體受苦，所有的肢體就一同受苦。」（林前十二：25、26 上）在團體中若有一人受傷，其他人也關懷、也感到傷痛，這本是生命自然的表現；我們一方面願以「朋友時常關懷、兄弟分擔憂患」的原則來建立我們的社會，另一方面也深盼能以過去慘痛的歷史經驗為前車之鑑，共謀台灣島上所有居民的團結、和諧與光明未來。

（作者為前濟南長老教會主任牧師，
本文原刊於《二二八關懷雜誌》試刊號》，1991 年 4 月）

平安與和平

／楊啟壽

　　一九九〇年十二月八日在懷恩堂舉行了紀念二二八的「平安禮拜」，相信我們當中有不少人在場，並從「平安禮拜」中得到深刻的印象。二二八事件是台灣歷史上一件最悲慘、也影響台灣社會最深遠的事件。一直到今天，二二八的傷口一觸則痛，並在所謂「外省人」及台灣人之間構成了難以跨越的鴻溝。

　　基督教以宣揚「復和」的福音為其中心使命。基督徒應該努力使社會上互相對立或敵對的二方，因著上帝的赦免而獲得和好。因此，在「平安禮拜」中，外省人的基督徒和台灣人，特別是長老教會的信徒能夠聚集一堂，藉著在上帝面前的懺悔和決志，要做和解的使者，是非常有意義並且也應獲得肯定的一件事。

上帝所賜的平安

　　人從出生一直到死亡，無時無刻都想克服恐懼感，然而我們天天經驗各種不同的懼怕，所以人生最大的希望莫不在於獲得真實的平安，過著沒有懼怕的人生。正如有人所提出，人生最大的願望就是要獲得安全感。世上許多人都希望

有健康、有錢財、有權力，因為他們認為這些都是獲得平安生活的必需條件。基督徒明白這些並不能保證讓人享有真實的平安，我們從聖經明白，人最大的恐懼應該是良心的不安。當一個人作惡或做出虧欠良心的事，雖然不被別人發覺，也會使他因此而坐立不安。在心靈深處我們了解，我們瞞不過上帝，我們是時刻暴露在上帝的審判之下，因為我們離開上帝的要求甚遠。上帝是一切善良的源頭，所以我們跟大衛王一樣經驗「我向祢犯罪、惟獨得罪了祢」。不安的來源其實就是聖經所說的罪，是心靈的驕傲，自以為是而不信賴、不順服上帝的心態。

既然不安的來源就是罪，真實的平安則來自上帝的赦免。上帝特別藉著耶穌的一生向我們顯示，祂願意赦免我們，祂要重新創造我們。所以當人們以悔罪的態度，接受上帝的赦免時，他發現他的心靈獲得解放，他經驗真正的自由及喜樂。這種心靈被釋放的經驗，在我們生活裡、在人與人之間的關係中，也可以獲得證實。據說衛斯理曾有一次與他的至友發生嚴重的衝突，兩人都各以為自己是對的、對方是錯誤的，兩人也因此幾天都不講話。經過幾天的煎熬掙扎後，衛斯理有一天對他朋友說：「朋友，你真的不先向我道歉嗎？」他的朋友頂撞他說：「我死也不會向你道歉。」那時衛斯理說：「朋友，我卻要先向你說對不起，是我的錯，請你原諒我好嗎？」衛斯理誠心的歉意瓦解了他朋友堅固的心防，他忽然流淚向衛斯理說：「不，是我不對，請你原諒我。」在那一剎那，他們二人的心靈重獲自由及平安。今天

我們必須在上帝的面前誠心反問，我們與別人之間是否有怨恨？身為一個台灣人，我們是否還懷恨「外省人」？如果我們心中仍存有懷恨之心、不想饒恕別人的心，我們的心靈不可能有真實的平安。

當我們忙著慶祝聖誕節的時候，讓我們重新想起上帝在祂愛子耶穌的身上，如何強烈地表達了祂對我們的愛、赦免和應許。正如保羅所說，「祂連自己的兒子都不顧惜，把祂給了我們，難道不會也把萬物白白地賜給我們嗎？」既然這樣，我們還有什麼懼怕呢！是患難嗎？困苦嗎？迫害嗎？飢餓嗎？貧窮嗎？危險嗎？死亡嗎？我們已經深信，世上再也沒有任何人能搶奪上帝所賜予我們的真實的平安。這種平安是不會隨世界的變遷而改變的。歷代不少基督徒在萬般的試煉中，活出了這真實的平安。

上帝所要的是和平

以上所說的對每一個基督徒來說，都是耳熟能詳的信息。上帝是掌管明天的上帝，上帝關心我們，所以要我們將憂慮卸給祂，祂會賜我們出人意外的平安。多少時候我們心靈所渴望的，只是個人所能享有的心靈喜樂和平安。舊約的釋經家告訴我們，希伯來文的平安（shalom）所包含的意義是更完整、更廣闊的平安。那不只是指屬於個人心靈的平安、寧靜，而是形容人與人之間有和諧，人與自然界也有和諧，是風調雨順，社會、國家有和平、繁榮的景象。這是上帝應許給予與我們的「平安」，也就是和平（peace）。聖經

也告訴我們，這樣的和平是只有人人實行上帝的公義時才能實現的。

詩篇八十五篇中，詩人這樣說：「慈愛與誠實彼此相遇，**公義**與平安彼此相親。」當以賽亞預言將要來的彌賽亞的時候，他這樣說：「有一個嬰孩為我們而生……祂要來統治我們。祂將被稱為全能的上帝……**和平**的君王……祂的王國永享**和平**……祂要以**公道**與**正義**為統治的基礎……」我們是否注意到，聖經將平安、和平與公義並排在一起？上帝是真實和平的源頭，除非祂的子民實行上帝的公義，社會、世界不會有真正的和平。為此，上帝一而再、再而三地藉著先知，呼籲祂的子民要徹底實行上帝的正義。只有嚴肅的宗教儀式，沒有上帝公義的實踐，反而會引起上帝的憤怒和審判。

先知以賽亞這樣寫說：「上主說：難道你們以為我喜歡你們所獻的許多祭品嗎？……我受不了你們月初的祭禮……和你們的宗教聚會；那些禮拜都因你們的罪而失掉了意義。……不管你們有多少禱告，我都不聽；因為你們雙手沾滿了血漬。……要立刻停止罪行，你們要學習公道、伸張正義、幫助受壓迫的、保障孤兒、為寡婦辯護。」這樣的教訓貫穿了舊約先知的信息。

沒有公義，哪來的平安、和平？正如詩人所說，只要人不妄行（和合本聖經），上帝將會賜平安給他們。人以忠信（誠實）回應，上帝的公義將從天上顯現。那時公義要走在上帝面前，土地必定豐收，我們必會繁榮。這是詩篇八十五篇所顯現的一幅美景。詩人的話其實對今天台灣的亂象揭示

出一條正確的方向。多少時候，基督徒的只重視個人、心靈上的平安，並以此為滿足，而不去關心因人的貪欲而受糟蹋的台灣生態，不與受壓制、受剝削的弱者站在一起，不敢為他們伸張正義，台灣的教會哪來有平安、和平的因素？當耶穌出來宣揚上帝國的福音時，祂從不與邪惡的勢力妥協，祂成為社會受壓迫的人、被歧視的人的朋友，祂甚至以行動趕散在聖殿以上帝的名行剝削窮人的法利賽人。上帝所要賜人的平安，不僅是個人心靈上的平安，而是人與人之間、人與大自然之間真正的和平、和諧。當人人伸張正義，實行上帝不變的愛的時候，真正的平安、和平才會成為我們的事實。

「二二八平安禮拜」不應成為只強調個人的饒恕為訴求的禮拜。我們應彼此學習饒恕，永不懷恨我們的弟兄，但這只不過是好的起步。正如二二八事件並非一天之內就產生，要消除二二八之恐懼，也需要大家長期的努力。如果台灣的社會沒有實行正義的誠意，如果台灣的人權仍繼續被忽視，台灣的住民繼續被奴役，只有一次的「平安禮拜」是不可能帶來平安、和平的。我們不要成為宗教上的利己主義者，我們因為上帝的愛的緣故，要在台灣的社會努力伸張上帝的公義。已經驗上帝所賜給我們的饒恕、自由、喜樂、平安，所以我們才有可能勇敢、不懼一切，以不變的愛心去追求、實踐上帝所要的和平。

（作者為前台灣基督長老教會總會總幹事，
本文原刊於《曠野雜誌》30 期，1991 年 11／12 月）

二二八紀念音樂會的意義

／林宗義

桃源在何許　西峯最深處
不用問漁人　沿溪踏花去

～耕南送子

　　八十一年二月廿八日在台北國家音樂廳舉行的「二二八
紀念音樂會」將為台灣近代史留下富有意義的新頁：

　　一、這是第一次有超過一千人以上受難家屬一齊站出
來，突破四十五年籠罩的苦難陰影，公開追念他們於四十五
年前所喪失的最心愛的丈夫、父親、兄弟和愛子，同時用最
高尚美妙的音樂來安慰他們日夜相思之親人之崇高靈魂的一
大盛會。

　　二、不僅受難家屬齊聚於此，眾多對於二二八事件慘痛
經驗所引致社會、教育、經濟、文化和政治各方面極度廣泛
的惡劣影響，關懷備至的人士亦聚此一堂。李總統閣下及政
府高級官員和社會賢達人士，大家在這裡公開安慰遺屬，也
同時齊聚反省四十五年來之長久慘痛經驗之真正意義。

　　三、以音樂來表達思念及安魂，尤其用樂聖莫札特的永
垂不朽的安魂曲，更能提升死者和生者的靈魂。我相信音樂

有極偉大的醫治心靈傷痕、化解悲哀仇恨的力量，帶來希望和光明給悲痛、失望的人；也帶來愛與和平給所有關懷的人士。不論朝野、省籍、社會階層，男女老幼都能因此美妙音樂走出過去黯淡陰影，共同奮進，勇敢面對未來，建設真正民主美好的美麗島。

我以受難家屬代表，在此向在場人士，尤其是秉持愛和公義的李總統、代表社會各界的陳五福先生，計畫指導音樂的曾道雄教授等兩百五十多位音樂界人士，及所有盡心盡力使本會圓滿成功之同仁，和由各地來參與本次盛會的各位，表示由衷感謝。

我們不會忘記這段慘痛的歷史。除了受難者本人，我們沒有權利寬恕過錯；我們會永遠紀念這事件。就此事件影響而言，其實，全台灣人民都是受難家屬。

一九三九年，家父林茂生曾以一首短詩「耕南送子」，送我赴日遠行。詩中意指著人生的因緣與對理想的嚮往。但在實踐理想的過程中，則必須慎思明辨，不可在眾說紛紜的環境中迷失方向，然後才能克服萬難，完成生命的意義。我願將此短詩致贈這個歷史性的聚會。希望從此所有居住在台灣的人，均能以愛和公義，繼續同心一意，向前邁進。

（作者為〈二二八關懷聯合會〉理事長，

本文原刊於《二二八關懷雜誌》第 5 期，1992 年 2 月）

新的命運共同體已形成
——二二八紀念音樂會總統致辭

／李登輝

林理事長、曾教授、各位貴賓、各位先生、女士：

　　今天晚上，我們以無比沉重的心情，前來參加「二二八紀念音樂會」。四十多年來，「二二八事件」不僅造成了受難者家屬難以彌補的傷痛，整個社會也付出了巨大的代價。因為，在此一事件中受難的，不分省籍，都是我們的骨肉同胞。〈二二八關懷聯合會〉經過審慎的籌畫，舉辦這場音樂會，其目的就是希望藉著音樂崇高聖潔的力量，撫慰受傷的心靈，消弭過去的仇恨，共創光明的未來。因此登輝首先要對主辦單位及所有參與演出者的苦心與辛勞，表示由衷的感佩之意。

　　發生在四十五年前的「二二八事件」，是一場時代的悲劇，其發生的背景、涉及的因素，都十分錯綜複雜。隨著時間的消逝，證據逐漸湮沒，人物日漸凋零，更使整個事件模糊不清。登輝曾親身經歷過「二二八事件」，往事歷歷，多年來也看過許多記述事件始末及追念親人的文章，思之令人浩嘆。但我也深深感到，仇恨與怨懟只會加深已有的傷痛，

唯有愛心與寬容才能走出悲愴的陰影。這並不表示，我們不必探究事實的真相。相反地，我們認為，只有勇敢、坦然地面對事實，才能化解心結，使歷史成為可供反省、借鏡的教訓。

四十多年的時間，沒有使我們冷漠，只有使我們成熟；沒有使我們的記憶消失，只有使我們的智慧增長。使我們知道如何能以更理性的態度面對不幸，解決問題；使我們知道如何運用智慧，匯集社會的愛心，形成廣大的關懷，使所有受難者的家屬，感受到人情的溫暖與生命的尊嚴。因此，登輝在前年的記者會中即表示，政府有決心，也有誠意，徹底解決此一問題。行政院於民國七十九年十一月二十九日成立了「行政院二二八事件專案小組」，負責規畫研究報告、建碑與善後處理等工作。不久另行成立了「行政院研究二二八事件小組」，邀請國內知名專家學者，進行公正客觀的研究，務期將事實真相公諸於世。經過研究小組成員一年多的周諮博訪，不僅遍閱了國內各政府機關的原始檔案，同時遠赴美國及大陸各地蒐集資料，並訪問了三百多位受難者家屬及相關人士，如期完成了報告的撰寫工作，業已正式公布。有關的史料，也將由中央研究院近代史研究所整理後，公開展示，供國人參閱，我們期望，經由這些努力，將可使屬於歷史的歸於歷史，使受創的心靈得到平撫，使我們的社會更為融合。

此外，為顯示政府處理「二二八事件」的誠意，近日內由政府及民間共同組成「二二八事件建碑委員會」，將選擇

適當地點，建立紀念碑。我們希望，這座紀念碑不是消極的悲情象徵，而是我們整個社會心靈重建、人格復原的起點。其他有關善後處理工作，專案小組亦將繼續進行。

　　回顧四十多年來一起走過的漫長路，我們多麼希望「二二八事件」從未發生過。但是，歷史與命運往往充滿了無奈。「往者已矣，來者可追」，「前事不忘，後事之師」。

　　今天，來自全國各省市以及久居此地的同胞，已經融合成一個新的命運共同體，在風雨中同心協力，不知克服了多少艱難險阻，開創出一片安樂、祥和、富裕的美景。我們相信，在抹去「二二八事件」這道最後的陰影之後，我們一定可以超越歷史的無奈，以更開闊的心胸，更寬廣的視野，攜手邁向更光明的未來。謝謝各位。

（本文原刊於《二二八關懷雜誌》第 5 期，1992 年 2 月）

二二八的省思

/李遠哲

　　在台灣長大的年長的人，提到「二二八」這三個字，總會帶來不少痛苦的回憶。尤其在無辜受害人的家屬與親朋之間，這長久留下的創痛與陰影，如果沒有社會深切的關懷與政府實事求是的歷史的交代，卻也不是日月的消逝便能夠彌補的。

　　一九九一年十二月的中旬，台大化學系的校友們歡聚一堂，慶祝我們敬愛的劉教授的八十大壽，席間有人回憶起台灣光復初期，劉教授是化學系唯一能說一口流利的標準國語的教授，並提到他在日治時代跟一位朋友在台大學國語，讀三民主義而被日本憲兵逮捕之事，因為我們同學們從來沒聽劉教授提起此事，所以我就問他到底為什麼沒有告訴我們這件事情。劉教授帶著感傷說道，那位教他日文而同時被日本憲兵逮捕的朋友，過了幾年，在「二二八」之後，再也看不到他的身影。如果那一天，不是剛好劉夫人臨盆，使劉教授也無法跟那位同事代表台大師生參加處理二二八善後的會議，他還不是一樣的就在那時便與世長辭。他不願多談被日本憲兵逮捕的事，是因為那時當他們解釋給日本憲兵說，他們只是為了學習中國的文化，並無「意圖造反」，他們很快

就被釋放了。怎能想得到，台灣光復後，自己同胞在處理二二八時，卻連異族的統治者也不如，不分青紅皂白，便殘忍地取走了不少關懷社會的傑出菁英的寶貴生命。顯然，劉教授的傷痛，還不完全在無辜朋友的莫名消逝，更沉重的還是在熱烈地回歸祖國懷抱之後的那「同胞還不如異族」的無奈的羞恥感。

在過去的一百年內，居住在台灣島上的人，正像許多亞洲、非洲與南美洲的人民，飽受了帝國主義與殖民統治的苦難，但是這異族的殖民統治，在第二次世界大戰結束後，隨著各地高漲的民族主義與獨立戰爭的浪潮，慢慢地消逝在這地球上。最近，東歐與蘇聯發生的變化，更深切地展示，世界各地人民確有堅強與足夠的毅力排除外來的壓迫。不過非常遺憾的是，在很多地區，也許面臨長久留下來的封建官僚體制的遺毒，或是人民的無知與落後，取代異族的統治的往往還不是當地人民的當家作主，而是同胞的獨裁與專制。如果二十世紀的初期是平民世紀的開始，那麼在二十世紀的末葉，人類留下的使命該是把封建、官僚與腐化從地球的表面根本消除。

最近〈二二八關懷聯合會〉的成立與舉辦二二八紀念音樂會的活動，在處於歷史轉捩點的台灣確有非常重大的意義。這許多年來，經過大家的共同努力，台灣在各方面獲取了不少可喜的進步。在黑暗隧道的盡頭，似乎已能看出一線光明與希望。當我們建設多元化的真正民主的社會而更進一步邁入先進國家的行列時，我們需要一股堅強的信心與強大

的力量。如果我們不認真探討我們走過的過去，不清除目前社會上的邪惡的東西，對將來沒有遠大的理想，我們將找不出任何信心與力量。如果我們沒有對同胞、對人類的寬容與關懷，即使我們找到了一股力量，它也不可能持續不斷。

希望二二八紀念音樂會優雅的旋律與繞樑的餘音，能使我們永遠記著要不斷創造更理想的社會與更美好的將來。

（作者為前中研院院長，
本文原刊於《二二八關懷雜誌》第 5 期，1992 年 2 月）

愛與敬畏生命

——行過二二八死蔭的幽谷

／陳五福

　　經過將近半世紀黯淡、悲情的路途，受難者的親人或家屬，在突破政治環境的限制之後，終於陸續走出陰影，要求政府公布事件真相，甚至道歉、賠償、立碑、設置紀念館，以撫平歷史的創痛並垂訓將來。這些，政府都應勇於面對並促其實現，這樣台灣才有希望。雖然，這一、二年來，政府在處理二二八事件的態度上已有不少令人欣慰的改變，但是似乎民間仍然略有疑慮。林宗義博士曾在一九九一年一次演講中肯定李總統的誠心，我個人也相信李總統一定會以他的智慧和身分，把二二八事件做一個妥當的處理與善後，那時，台灣人民的心靈，將不再因為悽慘的往事而痛苦憂傷。

　　過去很長一段時間，二二八事件一直就是政治上的禁忌，很少人敢公開談論，以致事件的真相、責任和是非無法大白於世。雖然，現在部分受難者的家屬已敢於露面、說出真情，但是據我的瞭解，大部分都是一些中產階層，其他或因為餘悸猶存，或因為心灰意冷、或因為不當的政治迫害而淪為默默無聞的市井小民，以致不願舊事重提者大有人在。

基於每一個生命的價值都是相等的觀點，我們的社會對這些人應給予更大的關懷與支持。

今天，我們在這塊地域上，雖然風俗、習慣、語言、性別有所不同，但背負的命運卻是相同的。人與人之間的差別，各具有其存在的理由，但是我們卻沒有權利要求對方和我們完全相似。我們沒有理由要求兩條平行線交叉，只能要求它們更為接近。現在，最重要的是我們要如何去克服人類共同的難題，例如：貧窮、車禍、環境污染，緩和生老病死的痛苦，思考引起不幸的愚劣人性，以改變為人處事的心思態度，將懷疑放棄，以信心相待；以寬容換取責難；將對立改為和諧，就像一個交響樂團，雖然有各種不同的樂器，但所奏出的卻是和諧祥和的樂音，用這種方式來紀念先人並安慰受難家族，應是最有意義的。

（作者為著名眼科醫生，
本文原刊於《二二八關懷雜誌》第 5 期，1992 年 2 月）

4

• 三青團台灣區團部紀念合影。照片中多人於二二八事件中遇害。

苦難與超越

三個基督徒的故事
——二二八與苦難

／王貞文

　　基督徒若遭橫死，是上帝的咒詛，還是魔鬼的作為？在時代的風暴中，躲過劫難的人，是否就比遭難的人更有義、更蒙祝福？我們要怎樣看待這樣的苦難？

　　二二八事件中，有三個基督徒的死難一直縈繞在我心頭，他們被一九四七年的風暴捲得無影無蹤，但是，埋藏在人心的隱密傷痕，卻畫出一條小徑，把我們引向他們生命終止的地方。

　　因為，大地張口吞下了兄弟相殘的血，而發出哀聲，那些默默隱忍的低泣，突然發出了巨大的聲響。四十年的恐懼、困惑，對上帝的質疑、申訴，在台灣看到曦微晨光的今日，終於有傾訴的空間。基督徒們，願以兄弟之情、姊妹之愛，來傾聽嗎！

一、淡水河畔之血

　　二月的淡水，蒲公英盛放了，淡江中學古老的牆垣邊，一簇金黃的花朵，不在乎陰雨地開放著。這個古老的學校，

一逕是那麼那麼與世無爭地，在「真理街」上，像個古堡或修道院般地矗立著，俯視著悠悠流過觀音山腳的淡水河。

在知道陳能通校長的故事之前，我一直認為，三月的淡水，特別是淡江中學，是最浪漫的了。

陳能通先生在終戰之後，擔任淡江中學的校長。淡江中學在日本時代被日本人強占，曾有一段時間不屬於教會當局，宗教教育的理想也中斷了。日人的勢力隨著一批批被遣送回國的日僑遠離之後，淡江中學可說是百廢待舉，從日本留學回來的陳能通先生，便被予以重任，擔任蓽路藍縷的校長了。他是一個熱心的教育者，一面尋找著能勝任又有愛心的教員，一面忙著處理日人移交的大小雜務。

一九四七年二月二十七日晚間發生取締私菸的衝突，一直存在於軍隊與人民之間的緊張氣氛爆發了。軍隊開槍射殺學生，示威的群眾更是激動了。二月二十八日，各地得知台北發生的事，群情沸騰。淡水小鎮也感受到這一股不安的騷動，年輕的學子更是急著要與共識者聯合，大幹一番。陳能通校長為著被軍隊逮捕的學生奔走著，安慰家長、安撫大家的情緒。

三月九日，由福建調派來「平亂」的軍隊登陸了，淡水街頭重軍壓境，許多知識分子開始逃匿深山，淡水街頭一片寂然。但是陳能通校長仍繼續為處理學生的事忙碌著。

三月十一日，軍隊闖入淡江中學校園，逮捕陳能通校長。一位盧姓化學教員，因為與軍人口角，被當場射殺，血汩汩地流過紅磚路。淡江中學的教員宿舍，是在校門口進去

的地方，沿著緩坡排成一列。陳校長的家人、其他的老師，還有盧老師的新婚妻子，都站在自己的房舍門口，看著他們的同工、朋友死去，看著親人被帶走。那條有榕樹風景的路，默默地承受恐懼。那一夜，訣別的一夜，好幾雙眼睛疲憊、困惑而憂傷地注視著亙古不變的夜空。也許，四十年來，那些眼神仍偷偷地張望，在「不許談」的恐嚇中，小心翼翼地刻畫著記憶。

陳能通校長沒有再回來，連屍體也沒有回到家人身邊。「失蹤」是唯一的回答。

有人看到，在清晨的微光中，一個可能是陳校長的人，被綁在海邊的林投榕樹下。

有人指出，開往基隆的軍車上，一個微禿的、溫和的人，被綁在一張椅子上。可能就是陳校長。

家人開始徒勞地找尋。海邊的部隊、鎮上的部隊、基隆的部隊，哪裡是可傾訴的地方？哪個部隊抓走人？法律程序該如何？

淡水的部隊說，是基隆那邊的部隊抓人的，與他們無關。基隆的人則表示，沒見過這樣的人。奔波、勞累、憂急的家人，逐漸放棄希望了。他們在絕望中等待一個答案。

等待了四十年。沒有人告訴他們他在哪裡。

孩子們成長得不錯，在淡水鎮上繼續居住著，參與教會的工作，很安分也很盡責地當一個好基督徒，像父親一樣受人尊敬。

然而，他們還是充滿憂傷地記憶著三月十一日，紀念那

一去不復返的父親。他是沉於淡水河底，還是基隆港中？他是否受了痛苦？在無數次的奔波之後，他們不再探詢那些答案，人們也逐漸遺忘了這位校長。可是，那股幽幽的痛苦，卻長存在心中。

在人們緩緩地、平和地敘述著這個故事時，我心中不禁出現了這樣一幅情景——在陰雨的三月天，淡水河旁沙灘上，一個人被綁在林投樹下，親人、朋友，沒有一個人能去與他談談，因為他們不知道他在哪裡。他的孤獨、恐懼和痛苦，只有沙、海和林投知道。

這樣的事是必須發生的嗎？

那些不斷等候的家人，豈不是呼喊上帝多少次了嗎？然而，「失蹤」是唯一的回答。

「我很想努力，至少請政府承認，他已死亡。」死者的兒子說。很平和的，不帶憤怒，只是憂傷。

沒有人想為這個事實負責。軍隊走了，該問誰？

基隆港內浮起許多屍體，他們是「失蹤」還是「死亡」？

陳校長的家人，幸運地、勇敢地躍過苦難帶來的種種困窘不安的問題，在信仰中站立得穩，但是，不是每一個受難的家庭都能夠如此。

二、喧囂街市之慟

岡山是一個熱鬧的地方，在高雄和台南兩個都會之間，自成一格地發展著一個市鎮的樣貌。一九一一年起，長老會

就在此地建立了佈道所，不久，在一群基督徒的努力之下，岡山教會成立了！在喧囂街市的中間，一個安寧的、敬拜上帝的地方。

誰會想到，安寧的教會在一九四七年的風暴中，竟會眼睜睜地看著他們的牧師蕭朝金被帶走、槍殺？

蕭朝金，一九一○年出生，彰化社頭人。小時候家裡十分貧窮，苦讀得到高中學歷之後，便報考台南神學院，三年後畢業，任台南南門教會傳道師，不久，轉任岡山教會的牧師。

日據時代，蕭牧師是一位活躍的「反日分子」，他參與了林獻堂的「文化協會」，辦文化演講。終戰後，他被推為「三民主義青年團」岡山區負責人，和青年們一起為迎接「祖國」前來接收而雀躍，他們是一群想要為「祖國美好的未來」有所貢獻的年輕人。

二二八事件發生之後，各地青年群情激憤，三民主義青年團的團員和另外一批人共同占據岡山教會為根據地。蕭牧師對這種情形感到憂心，曾力勸青年們不要輕舉妄動。

三月十日左右，要捉拿蕭牧師的風聲已經傳出來，友人紛紛勸告蕭牧師要走避，但蕭牧師認為：「我是個傳道者，即使被抓，也只是一些小誤會，解釋一下就好。」

沒多久，士兵便突然湧入，將蕭牧師抓走了。從此，他不再回來。

四、五天後，他的屍體和一位台大學生的屍體一起被發現。在平交道旁，蕭牧師屍體的慘狀震駭了岡山街仔的人。

聞訊趕到的蕭牧師娘，見到她丈夫的鼻子、耳朵都被割掉了，頭腫得如斗般大，原本整潔的外衣也早就不知去向。

當時還幼小的岡山街仔孩童，仍然記得文雅健談的蕭牧師，在一夕之間成為被拋棄在路旁的悲慘屍體，所帶來的震驚和恐懼。大人們低微而堅定地警告著：「不要碰政治！」孩子們心頭便刻下一個清清楚楚的印象了。「是的，絕不碰政治。」關心別人的事會成為殺頭罪的。

教會的會友太過於恐懼了，甚至完全忘了要對這個殘破的家庭伸出援手。蕭牧師死時，年僅三十七歲，留下了兩個稚齡的兒女。牧師娘一人黯然地帶著孩子離開教會。

這個家庭由喧囂的市街失蹤了，默默地承受著難以形容的悲痛和恐懼。

孩子們疑惑著：「父親是大壞人嗎？為什麼被人殺死了。」

白色恐怖的五十年代、恐共的六十年代、另一種聲音不斷被打壓的七十年代、「美麗島」的八十年代……四十多年了，恐懼、自卑、甚至對父親的怨怒，折磨著這個劫後的家庭。「都是因為父親是共產黨……」在社會上受挫的兒女們想著這樣的罪名。然而，蕭牧師並不是。

三、綠蔭深處之墓

鳳林，一個位於台灣東部的幽靜鄉鎮，碧綠而潔淨的鄉景，似乎遠離了塵囂，也遠離了世局的變動、煩擾。然而，一九四七年的風暴仍襲擊了這個安靜的小鄉村。遍植檳榔樹

的安寧鄉野隱藏慘痛的哭喊。

　　檳榔林蔭之中，靜靜地排著長了青苔的墓，墓碑上刻著：「張七郎、宗仁、果仁父子遭難之墓，主後一九四七年，民國三十六年四月四日夜屈死。」

　　這是一個基督徒的墳墓。「屈死」二字給我們極大的震撼。這個墓碑站立了四十四年，在綠蔭深處不停息的紀念一個永難超越的傷痛——在一夜之間，這一家的女主人張詹金枝長老（鳳林長老會）失去了她所愛的丈夫及兩個兒子！

　　張七郎，一八八八年出生於今天的楊梅一帶，一九一五年畢業於台北醫專，是一位敬虔的基督徒。一九二五年，張醫生舉家遷至花蓮鳳林，從此盡心為「後山」這群被遺忘的人們服務。除了一般的醫療工作之外，他也非常注意人們的教育。為了使當地的孩子不必大老遠跑去花蓮上學，便努力地籌設了鳳林初中，成為今日鳳林中學的第一位校長。但是他遭難之後，鳳林國中當局竟將他的名字刪去了。

　　張七郎和當時許多知識分子一樣，在終戰之後，以非常天真而喜悅的心迎接祖國的軍隊。為人熱忱而富影響力的他，甚至發動地方力量建起牌樓，以迎接國軍。

　　這樣一個人竟會死於軍人的槍彈下！我們的心如何能接納這樣的事？

　　張七郎於一九四五年四月當選花蓮縣參議員，並被推選為議長，第二年，他又被選為制憲國大代表，前往南京開會。因為醫務和政事忙碌，便由長子張宗仁接下鳳林初中校長的職務，宗仁是教育家，果仁是醫生，也都一樣熱中於地

方事務，不幸於二二八事件之後，與父親一同遇難。

二二八事件之後，有許多人勸張七郎要逃走，他的反應和後來也遇難的台大文學院院長林茂生博士一樣：既然沒做虧心事，何必逃避！然而，他還是遭到不幸。一九四七年四月四日，一群軍人來到張醫生家，聲稱中山堂的駐軍患病，要張七郎父子都前往救治，次子依仁的太太感到事情不對勁，而將丈夫的滿州軍醫證明放入丈夫的口袋中，因此救了依仁一命。其他三人在未經審訊的情況之下，便被匆匆地押至鳳林公墓槍斃。

有不少住在公墓附近的阿美族人，至今日仍然很難忘記那夜在月光下的行刑場面，恐怖和肅殺的氣氛令他們顫慄，槍聲在寂靜的夜中聽來，是那樣清晰、那樣駭人！

有一位老人這樣說：「張七郎父子的冤死，使我們的祖國夢徹底絕望了。」

但是，這些恐怖的記憶沒有成為一股怨恨的潮流。這要歸功於一位偉大的女基督徒──張詹金枝長老。

張詹金枝女士在凌晨得知夜裡發生的悲慘事件，馬上冒著宵禁的危險，雇請牛車，前往公墓收屍。昨夜匆匆離去的丈夫及愛子，已經成為一具具血跡斑斑的屍體，絕望和悲傷伴著蹣跚的步伐回到破碎的家園，一群孤兒和寡婦無言地面對死去的親人。

媳婦張玉蟬女士在事件不久之後產下了遺腹子，她回憶當時的情形說：「我們原本是個幸福的家庭，從那夜起，我們變成破碎的家，害怕驚惶圍繞著我們。過去聽到別人咒罵

上帝、耶穌會生氣、反駁的我，在這個悲慘的事發生之後，不由得咒詛上帝，追問公義、和平的上帝到哪裡去了！可是母親卻連一句埋怨的話也沒有出口，反而更抓住上帝，上帝也賜她不平凡的智慧、勇氣來維持這個家。」

張詹金枝女士並沒有逃避傷痛，她勇敢地在墓碑上刻下「屈死」的字樣，又在墓旁刻了「兩個小兒為伴侶，滿腔熱血灑隙原」幾個字，她決不要忘了親人悲慘的死。但是，「不忘卻」並沒有毒害她的心靈，相反的，帶給她極大的力量。她的苦難成為釀造仁慈的池子，也成為她在信仰上更進一步的驅策力。她沒有怨天尤人，只是默默地為地方付出更多關愛。一九四八年，她擔任鳳林教會的長老，以一介女流負起教會「小會議長」的工作，這是長老會中，一個平信徒所得的最大榮譽，也是被賦予最大的使命。張詹金枝長老沒有忘記讓上帝成為她苦難中及時的幫助，也沒有停止在她的作為中顯出上帝的形像，她不斷為別人付出——捐出檳榔樹、竹子給弱小教會建堂，扶助每一個伸手向她求援的人。

許多訪問者對著綠蔭深處那座墳墓掉淚，那些悲慘的故事令我們不忍卒聞。我們不知道張詹金枝女士在此曾灑下多少熱淚，但她總是在眼淚盈眶時，咬緊牙根禱告說：「主啊！給我力量！軟弱的時候扶持我，哭泣的時候安慰我。」

二二八之後有太多破碎的心，許多人如同「補破網」歌中所說：「手倚網，頭就重」，「見到網、目眶紅」，不大敢面對殘破的事實，心死而絕望（網）。但是張家這張殘破的網，在張詹金枝長老堅定不移的信心中修補起來了。

四、讓我們種一棵樹

「讓我們種一棵樹
不是為了記憶死
而是擁抱生。」

詩人李敏勇寫下這樣的詩句，作為二二八公義和平日的祈禱文。

再一次去碰觸這些使人心滴血淚的「故事」，只是為了告訴人們，受難者的淚滴並不小，只是隱忍著。作為一個基督徒，我們不能輕忽，更不是踐踏這些受傷的心靈。

那些直接嚐到喪親之痛的，那些親眼看到殘殺、親耳聽見呼號的，殘酷的現實把他們拋到絕望之境的心靈，永遠帶著疑慮和恐懼的人們！

我們可以有一萬種解釋二二八事件的廣度，但是，這些深深沉在人心深處的創痛，沒有人可以用命令、請求來使它們被遺忘。我們可以用無數的話語去教訓人們，我們要求疑惑和恐懼的人淡忘過去，我們用「上帝是愛」催眠他們，踏在破裂的創口上，不住口地說：「平安」。但是，傷口兀自淌血，靜靜地流了四十多年。

我常想著蕭朝金牧師的遺族，父親遇難時，他們還幼小，不知道為何會失去父親，也不明白為何要遭到這樣的苦痛，他們失去了教育的好環境，失掉了一個可以引導他們人生旅途的父親。恐懼、怨恨、疑惑的重擔，毫無理由地加在

他們身上，長達四十年，也許還將更久。三、四十年來，有一整代的人無法自豪、愉快、公開地愛他們的先人。這事是恐怖的、沉重的。

前輩畫家陳澄波第一次的畫展，在他死後三十多年舉行了。他原可以有更多的創作的，只因為擔任了嘉義市的「和平使」，在協調後，竟被逮捕、槍殺了。三十多年後，塵封的畫作再次展露在人前，陳老太太滴下了熱淚，為三十多年的辛酸，也為盼望的微光而欣喜。不再塵封，不再被烙上烙印、指為陰謀者，以真正的面貌、該得的尊嚴立於人前！這豈不是「人」所該得的一點兒權利？

談起二二八，實在不是為了向政府或「外省人」討債。只是為了正視隱藏久久的傷痛。基督徒應是一個療傷者，神學應是為了醫治受傷的心靈而存在，我們必須誠懇地面對傷痛，傾聽哭泣聲。

我們應該對二二八中悲慘的受難故事有所反省：為何人的尊嚴受了如此的欺凌？何以殘暴虐殺的氣氛肆無忌憚地橫行於台灣？在人們默默被殺，當遺族在錯愕中，掙扎著求取尊嚴與生存空間時，為何我們竟讓恐懼及無知封閉了我們的耳、眼與口？

我們曾經無知，但是，現在，那一張張流淚的面孔已經來到我們面前，他們空洞的眼神在問：「當人性的尊嚴被踐踏至此，上帝在哪裡？」

詹金枝女士，張七郎醫生娘，用她的生命不斷地試圖回答這個問題。她獨自撐起破碎的家，在苦難的土壤上，種出

希望的大樹，蔭及一切苦難中的人。

　　不再踐踏人性的尊嚴，為擁抱生命而活。紀念二二八不是為了記憶死，而是為擁抱生——為使悲憫復生，為使結構性的罪，因著人們的互相懺悔、互相寬赦，紛紛碎解。

　　在那一日，我們種起了希望的大樹。悲憫的眼淚是水分。同情與傾聽、尊重與關懷是養料，大樹將茁壯。

　　在樹下，人們將把刀槍打成犁頭。在大樹蔭下，沒有恐懼驚慌，大樹穩立在土地上，它認識這塊土地、知道它曾發出的哀告。大樹把一切的哭號擁進懷裡。

　　我們豈不該期待那樣的日子？！

（作者現任教於台南神學院，

本文原刊於《曠野雜誌》24 期，1990 年 11 ／ 12 月）

• 張七郎原為制憲國代、花蓮縣參議會議長。與其子二人無故被捕槍斃。

我曾經似個孤兒

／王逸石

　　那一年我才七歲，實在不懂大人的世界裡發生了什麼事。只覺得人人行色慌張。我們日本式屋子的玄關上，透過戰火而燒焦的斷垣殘壁，可以隱約地看到遠處街上一隊隊手中拿著傢伙的人，匆匆地走來走去。偶爾也可以聽到好像過年時燃放的爆竹聲。媽媽總是用她的臂膀緊摟著我，關上紙門，好像那一道紙門可以把這些悲劇從我們生命中隔開似的。

　　我們不再端端正正地睡在榻榻米上。翻開榻榻米，再取下木板，原來地底下另有一個小小的世界——好像扮家家酒的小室。媽媽說那是從前為躲地震而修建的，如今正好派上用場。為什麼要睡在地下的密室，我不知道，但我卻覺得很好玩，那是一個比「被櫥」更好躲迷藏的地方，我常常興奮得睡不著。

　　不知道為什麼，過了沒多久，我們又再搬回到從前因躲空襲而「疏開」的地方（日本人不說疏散，因為散了就聚不回來，開了之後還可以再合起來）。在一座深山密竹林裡，我們用茅草和竹子臨時搭蓋了一座簡陋的竹棚，就住在那兒。竹棚離農舍還得曲曲折折地走上好長的一段路程，有些

地方路跡還是難以辨明的蹊徑。媽媽說，上山只有這條路，進出的都是熟人，這裡比較安全。我不知道為什麼要躲在這種偏僻的地方，不是已經不再有空襲了嗎？媽媽說：「將來你就會知道。」看她的神情，好像在逃避比 B-29 轟炸機更大的威脅似的。

後來又舉家搬到西螺叔公家去住，那兒住的都是同一宗姓的人家，全是有血緣的「自己人」更安全些。可惜沒幾天，又因「風聲緊」而開始了東奔西走的流浪生涯。只記得每天都從一個陌生的地方旅行到另一個陌生的地方。每天晚上都住在不同的旅館，總有一些親切的陌生人陪著我們。對我來說是又新鮮又好玩。但在顛沛的途旅車程中，我往往都會睏倦而睡著了，醒來時又到了另一個不知名字的地方。

也不知道過了多少這種吉普賽似的日子，有一天爸爸已經不在了，所有的人都消失了，只剩下我們母子倆。媽媽抿著唇不說一句話，好像怕一開口就會洩漏祕密似的。我們母子又搬回到山城那個有榻榻米的家。過了一陣雙眉深鎖、煎熬難耐的日子。有一天，媽媽的臉上再度綻放了燦然的笑容。她讓我分享了一個絕對不可以告訴任何人的祕密——爸爸已經到達「海外」一個安全的地方。

爸爸為什麼要到「海外」去？為什麼這兒對他不安全？我實在想不透。全城的人都認識他，大家都稱讚他的醫德。由於他重義輕利，「賺錢分人開」（有錢大家分享）的個性，甚至暱稱他為「憨醫生」。並且將他的名字編進一般的民間歌謠來吟唱。在愛戴他也為他所熱愛的同胞之間怎會沒

有安全呢？

———～⊙～———

　　幾十年後，我從長輩們的口中收集了一些零碎的資料，才慢慢綴成了當年二二八事件時，父親遭遇的大概情況。父親是一位醫生，在地方上甚得人望。事變發生時，官派的市長處理不當，並且躲進飛機場內，想不到連飛機場也被圍困，斷水缺糧。父親因念同胞手足之情，堅持要運送糧食補給進機場給他們，並當面對談；乃冒險闖過重重關卡，終於在機場內見到該市長，並因一時氣憤，拍桌指責市長之無能。後來情勢逆轉，執政當局開名單並派車來接人前往「協商」，名單上父親是名列第一。他上車後，因想到不久前在言語上曾經給市長難堪，彼一時也，此一時也，如今對方已得勢，若他尚記恨在心，見了面難免不給好臉色看，愈想愈不妥當，趁著點名上車場面混亂之際，他便偷偷地溜下車來。想不到這一大車子的人一去就如石沉大海。後來有人在車站被槍斃，也有人至今尚不知屍骨在何處。這就是為什麼我們會有那一段東躲西藏的逃難歲月的因由。

　　父親雖然逃過了一場浩劫，可是身陷異鄉，不知何日才能回來，因為他是黑名單上的人物，所以我們心裡有數，可能今生今世無法再見面了。為了避免不必要的麻煩，在學校填寫表格時，家長都是寫母親的姓名。事實上我們成了寡母孤兒。那時我又是特別頑皮的年齡，在學校運動會跌破了頭，與同學玩騎馬打仗又跌斷了手臂。我們沒有自己的房

子，到處搬家寄人籬下。我從小就嬌生慣養的，一時實在很難過窮困的生活。嘴饞想吃蛋糕，沒有錢買，只能買餅店製造方形蛋糕時切下來的零碎解饞。後來媽媽又因急性病症，在醫院昏迷不醒。母子倆煢煢無依、朝不保夕，就像一盞將殘的燈火。一定是耶和華的憐憫保佑，要不然不知道要如何度過那段苦難的日子。那時我實在恨我父親，在我們最需要他的時候，他卻不在我們身邊。這事深深地影響了我潛在的性格，如今常使我「父愛氾濫」，因為我發誓我的兒女不要再遭遇到像我那種孤兒的苦境。

———— ∽∾∽ ————

　　二二八事件平靜後經過了一段日子，父親竟然奇蹟似地活著回來。後來才知道是經過一些有力人士的斡旋、保證，終於當局默許他可以平安回到台灣。可是他已不再是從前那一位父親了，他變成了另外一個人。他天天喝酒，每晚一定要與我母親相偕去看電影，看遍全市的每一家電影院。對於二二八以及他亡命海外的事隻字不提。他保全了性命，沒有受到刑求，也得到了平反，又回到他所愛的人的身邊，也口口聲聲說他看開了，但是他心中始終有個結。我是最親近他、最被他所疼愛的么兒，在心靈上是跟他最能溝通的人，我深知他心中有個解不開的結，到底是什麼？我也不得而知。

　　父親去世多年後，大哥在一次閒聊時，無意中說出了他疑惑已久的答案。他說在日治時代，日本憲兵常常跟蹤父

親，無論他去到何處，都有兩人尾隨著，父親是詩社的活躍分子，又是文化協會的成員。每次文化協會辦演講會，我們家的醫院就會宴開流水席，客人就像戲院裡那麼多。

我們家醫院的牆上貼了一張巨幅的中國地圖，大哥肯定地說是印成黃色的，跟日本的地圖大不相同。每天早上父親來醫院後就會面對著地圖大聲唱「三民主義……」的歌。日本特務有時也會正式上門來訪問，都是兩人一組，從未有單獨一人上門的。家人端茶敬客，他們絕對不敢喝。大哥特別強調說「因為怕被我們毒死」。大哥大我十八歲，戰爭末期他才赴日本求學，他的話絕對可信。

三十幾年前我讀初中（現在的國中）時，還曾在我們家的書櫥裡發現《建國方略》、《建國大綱》這類的書籍。我不知道父親跟那些民初為理想而奮鬥的人士有什麼關係。但有一件事我確實知道，他熱愛祖國、服膺三民主義。日治時代如此，光復當初也如此。但亡命海外回來後，這卻成了他解不開的心結。

在日本特務監視下，他冒生命危險要去擁抱的主義，在光復當初他赤忱對待的祖國同胞，卻反過來成了入他於罪的藉口，成了算計他性命的人。他所愛的祖國翻臉不認他，反而視他如仇敵；他熱忱擁抱他的同胞，卻如此痛苦。原來在他們微笑的背後藏著一把致命的利刃。

經過這一番衝擊，他的心、他的理想，早已埋葬在遙遠的海外。他回來是種屈辱，他是為了愛我母親，為了愛我而忍受這種比死還要痛苦的屈辱。他已唱不出「三民主義」

了，他徹頭徹尾成了一個「存在主義」者。雖然回到他的鄉土、回到他妻子兒女的身邊，其實他就像卡繆的小說「異鄉人」一般。

歷史的傷口在他身上終其一生從來未曾痊癒，但他沒有怨恨，他只是迷惑不解；投桃都可以報李，付出赤忱的愛卻必須被釘在十字架上。他無法從人性的困惑中得到宗教信仰上的拯救。回台後的幾年，他都生活在極端的自尊與痛苦的屈辱感中。

父親於一九六五年去世，那年他才七十二歲。以他硬朗的身體、豐沛的生命力，大家都認為他可以活到一百歲，但我知道他不想活了。那一年他已看到他的最小兒子，娶了一位讀文學可以共同來繼承心靈衣缽的媳婦，他可以安然瞑目了。

在他臨終前，他對我告誡說：「存在的東西有一天都會消失，真正的紀念是在心中，不是看得見的東西，所以我不遺留什麼給你。切記不要參與政治活動，把你的熱忱投注在宗教信仰的領域裡吧！」

由於他沒有留給我任何手稿字畫，所以如今我要看我父親的墨寶都得去別人家看。唯有在整理他的遺物時，在抽屜中發現了一張泛黃用舊月曆紙反面書寫的一首詩：

　　　　讀書不求官，政治不求富。
　　　　修德不求報，為文不求傳。
　　　　譬如飲不醉，陶然有餘歡。
　　　　中含無盡意，欲辨已忘言。

　　這是他人生觀的縮寫，所以我把這首詩鐫刻在他的墓石上，墓園是我設計的，方方正正樸樸實實的，面對著一泓清澈的潭水。願他受苦的心靈，在此獲得安息。

（作者為前嘉義西門長老教會長老，

本文原刊於《曠野雜誌》24 期，1990 年 11 ／ 12 月）

後記：

　　這篇文章是拗不過我女兒的要求而寫的。我想她們有權知道祖父的真實故事。但寫這篇文章對我是件痛苦不堪的事，寫了幾年也沒寫成。因為去攪動痛苦的記憶是很不明智的，傷口會再度裂開而淌血。寫此文曾幾度因視線模糊而擲筆掩面。草稿完成後亦攜至父親墳前，稟告他老人家，並非有意冒犯，只是願以身受之苦難公諸於世，盼望這種人間悲劇不要一再重演。

• 1993 年攝於二二八紀念碑競圖參覽室，右起：王逸石長老、高而潘建築師（二二八建碑委員會評審委員會召集人）、林宗義博士、林李美貞女士、蘇南洲。

洪水與鳳凰花
——錄兩首二二八輓歌

／王昭文

　　二二八事件過後，最令人傷痛的莫過於無數青年的失蹤、死亡。

　　社會菁英分子與青年學生，是二二八事件中犧牲最多的兩群人。社會菁英被捕及殺害的過程，因其社會地位與名聲而留在許多人的記憶中，也由於他們大部分極為無辜，而在人們心中留下慘痛的恐怖印象。這幾年「二二八公義和平運動」紀念了這些人，給家屬帶來一絲安慰，也使原本完全不知道林茂生、王添燈、張七郎、陳澄波……等人的這一代青年，重新了解那一代台灣人並非落後無知，曾有極傑出的人才。然而犧牲更為慘烈的學生、青年，卻因缺乏知名度，在當時默默死去，後人也很難得知其所經歷的事。

　　二二八事件之所以由台北蔓延全台，歸咎於任何煽動都是藉口，實因物價高漲、貪官污吏奸商橫行，使人民對當時的政府感到極端失望。富於正義感的青年，對當時的情況之不滿可想而知。二二八當天陳儀不當鎮壓請願群眾，反而造成台灣人的強烈反抗，各地青年組織起來接管治安工作、攻

擊軍隊。這些參與行動的青年與學生，大部分信念極為單純，而且對政治相當無知，只是因陳儀的鎮壓而造成自衛的心理，認為這些官吏令人不安，必須自己來維持治安（見吳濁流：《無花果》）。這種單純的心理可由嘉義機場一役得知。嘉義機場之圍是整個事件中較具規模的軍事行動，以青年、學生為主組成的軍隊，將政府軍驅趕至機場圍困起來，雖有能力殲滅他們，但青年們只要求講和、交出武器，在包圍的當時仍供應政府軍糧食與飲水。政府軍表面願意講和，實際上祕密求援，當嘉義的處理委員會派代表送糧食與水果進機場時，政府軍已由空投得到彈藥，立刻逮捕「和平使」，並殺出機場；而當時以為已講和的台灣青年大部分依約定將槍械交到警察局，完全沒有再戰的能力。接下來的幾天，軍隊到達嘉義展開逮捕與屠殺，究竟多少青年遇害無人清楚，而在機場被捕的「和平使」更被槍殺示眾！

那一代的青年血灑在故鄉的土地上，有許多是富正義感、有責任心、忠實勇敢的人，只是過於單純而衝動，不懂複雜的政治。

民間流傳許多青年學生遭殺害的慘狀。有的被割掉兩耳與生殖器、有的手足被鐵線貫穿而拋海；關渡整夜槍聲不斷，第二天淡水河全是青年的浮屍……。這些印象是如此恐怖深刻，許多人至今仍不願回想，只是叮囑後輩遠離政治。

事件發生後不久，有人寫下弔輓犧牲青年的詩。我們看不到吶喊與不平，只有深沉的痛楚，為了國家、為了這塊悲傷的土地：

誰料想三月會做洪水！
那突然的巨浪，
竟沖破這樣堅固的防堤；
那無情的巨浪，
竟流毀這樣美麗的田園；
那激怒的巨浪，
竟淹沒這樣平和的城鎮。

誰能料想三月會做洪水！
有一個勇敢的青年，
他曾有過洋的經驗，
但未到防堤被狂浪捲去了。
有一個理智的青年，
他懷抱新進的理論，
但未到田園就被泥海埋去了。
有一個熱血的青年，
他將發無限的純情，
但未到城鎮就被崩山壓去了。

誰能料想三月會做洪水！
洪水一過滿地平坡！
啊！這樣國土何時能夠再建？
洪水一過家散人亡！
啊！這樣民族何時能夠復興？

　　洪水一過人心如灰！

　　啊！這樣社會何時能夠新生？

　　這首詩的作者吳新榮，是鹽份地帶的文壇老前輩，在日據時代就以他的筆控訴殖民政府對人民的壓制剝削。光復後，他仍保持理想主義的熱情，和當時許多知識分子一樣，雀躍於台灣終於掙脫日本帝國主義的枷鎖，積極投入戰後台灣的建設工作。他加入「三民主義青年團」，這個團體集合了當時的「進步分子與熱血青年」，他們富正義感、不諱言對行政機關無效率與貪污的批評，種下日後官方利用二二八事件整肅他們的原因。

　　二二八事件期間，吳新榮與三青團成員盡力在台南縣北門區做安定地方的工作，但在四月所謂安撫期中卻面臨搜捕。響應官方的自首，還是免不了牢獄之災。他反對青年們的武裝攻擊，但也看到許多青年十分負責地維持治安、保持地方的安寧。在「處理委員會」中，他見識到御用紳士、投機分子的嘴臉，也嚐到對手為掩飾自己不負責、無能而借刀殺人、鏟除異己的手段。因此他還是將希望放在青年的身上，因為他們有理想、有行動力，愛鄉土、肯犧牲。他為這一代青年遭到磔傷而悲痛國家民族的命運。

　　該怎樣來形容那些在二二八消失的青年呢？他們如火焰、如花朵，燃盡熱情、發散理想的芬芳，然後熄滅、凋萎，在餘燼與殘莖中，想像不出曾有的景象。那一代的青年消失了，失蹤、死去，以及——熄滅了熱情與衝動、收起理

想、忘卻與逃避，不再是個青年。

　　我讀到一首很美的詩，卻令我悲哀到心痛，那是當時目睹同輩青年命運的學生所寫的輓歌：

在炎天下燃燒著，
竭取不盡的熱情，
鳳凰木的紅花，
任南風不住地搖動。

如年輕人的心，
在希望和諦念之間，

歡喜和悲哀之間，
搖搖晃晃。

夏天快結束了，
燃盡了熱情的花，
慘酷地落掉了。

秋天到了，
殘留著的勝利之花，
混在病葉裡變作果實，
抑制著不安的思念，
在北風裡告訴著。

「被淘汰的花友們，

我們雖然永存著，

但竟看不到你們，

所夢著的美麗的遠景。」（註）

洪水一過人心如灰，因為代表著進步與希望的青年慘酷地消失，殘存者也看不到美麗遠景。槁木死灰般的沉痛與無奈，沒有吶喊與乞憐，似乎是當時唯一能有的情緒。

當時的沉痛與無奈，盼望在多年後，能藉著事實的澄清得到安慰；更期待他們所夢想的美景逐步實現以減輕痛楚。還有一個小小的希望：讓我們這一代不必譜寫如此哀傷的輓歌。

（作者為清大歷史學博士，

本文原刊於《曠野雜誌》24 期，1990 年 9 ／ 10 月）

註：

這首題為「鳳凰木的花」的詩，原以日文寫成，作者蕭翔文自譯為中文，收錄於遠景出版《光復前台灣文學前集》第十二冊，出版時標上的時間是一九四五年，但作者透露這是戰後的作品，為悼念二二八中死亡青年而作的。

5

• 二二八建碑在台灣史及文化自覺運動上，扮演重要的角色。

二二八紀念碑

二二八紀念碑的空間意涵與建築自覺運動

——訪蘇南洲先生

採訪・整理／丁榮生

　　二二八建碑不只是建築的實質建構，其在台灣史以及文化自覺運動上，更扮演重要的角色。

　　蘇南洲先生為〈二二八關懷聯合會〉理事長林宗義博士（其父為二二八受難者、曾任台大文學院院長的林茂生博士）之特別助理。林博士在建碑競圖進程中，不僅是評審委員之一，也是建碑籌備委員之一；而蘇先生則扮演一位相當重要專業諮詢的角色，也是唯一全程參與選擇基地、訂定競圖辦法及作品評審等所有建碑工作之建築專業者。他畢業自東海大學建築系及台大城鄉所，也是一位虔誠的基督徒。

　　此刻，建碑徵圖告一段落，他在競圖期間參與全程作業，同時也視此紀念碑為劃時代性的空間意涵，並對專業界有更深的期許。

　　以下是蘇南洲先生參與建碑過程的心聲：

　　面對二二八紀念碑競圖的告一段落，我的內心有一份期

待，期待二二八紀念碑的建立是文化、建築自覺的里程碑。

　　對於二二八紀念碑，大家要以特殊的態度和精神來面對。回到我自己的建築專業經驗說起，在東海建築系的時代，建築是強調設計的經驗累積，雖然東海的建築教育標榜人文，但那是被抽離的人文觀、是被架空的唯美觀，只要談到設計就像在天堂一般。後來我畢業就到一家很強調實務的事務所工作，他們很重視施工圖，對於設計則只是在尋找「撇步」（獨到的偏方）。在這一年的經歷中，我學了不少在建築界的生存與發展之道，對於工作的效率與品質很要求，但事務所經營之道最重要的是業務的爭取，所以工作就在設計、發包、施工、監工循環之中，那時候我是處於忙不完的境界。

　　後來進入台大土木研究所交通工程乙組（建築與城鄉所前身），我才比較能以社會和歷史的眼光來看待建築空間，特別是民眾參與的觀念，因此就對建築有比較開闊的詮釋。此後面對建築設計時就大大不同於東海時代與事務所的階段，當然又加上我長久以來從宗教領域體驗到強烈的社會關懷，融會在台大所學的處理空間的態度與手法，讓我第一次意識到「空間意象作為社會實踐之中介（舞台）」的意義。

建築空間歷史作用的展現

　　一九九〇年冬我選擇了懷恩堂做「二二八平安禮拜」，讓這所國家級教堂，成為各界關懷二二八的發軔場所。嘗試以宗教的空間布局於那從來不能正式公開的活動，使之公開

與地上化，是一種有意識地發動空間作用達成其歷史參與的角色，使空間成就其歷史意象之社會實踐。

我認為建築的意義要含括人、歷史及社會等人文層次，一旦抽離了人文意涵，那建築不過是精緻而巨大的器具罷了，我姑且稱此為建築社會學、空間社會學或是社會建築學、社會空間學。也可以說建築不只是提供歷史角色的一個舞台、一個場景，而是一個歷史的參與者。我們可以想像在舉行「平安禮拜」的同時，懷恩堂這個民間小教堂，在宗教的特殊歷史意涵之中，介入了歷史，透過其中歷史角色新的結合（如翁修恭牧師、周聯華牧師、高俊明牧師），在二二八這個台灣最巨大的集體記憶面前，以公開的民間形式將歷史翻了一頁，從此也取得國府對二二八事件，不得不採取正面而積極的態度。就像當夜，作為歷史角色的郝柏村院長，在為「台灣求平安」崇高訴求的催化下，這個國家級的教堂在對他招手，他也不得不回應。由此我們可以清楚看到空間所蘊含的社會力，也是社會性力量充分開展。

由此，我們可以體驗出從建築的眼光來看社會，那即是一種有意義的活動，也是如工程一般有計畫、可預期的社會運動，所以以建築的方法放在歷史的工程或社會的工程，是非常容易操作的。第二個例子，是二二八事件受難家屬團體的成立（包括〈二二八團契〉或〈二二八關懷聯合會〉）及其活動，皆以李登輝總統的教堂——濟南長老教會為基地，如舉辦等待禮拜，在教堂外的每棵樹綁上黃絲帶、放黃色汽球，是以一種非常明確而有力的空間做為歷史中介的角色，

使建築空間以幾乎是絕對並且非常開闊的氣勢來為歷史事件詮釋，讓建築不再只是專業貴族的賞玩。

我們都知道，台灣的建築專業以往都是處於封閉的系統或其絕對的價值觀經驗之中，如只有實用與美學的價值空間體驗，也造成建築抽離社會與歷史之外，更不用說建築在達成人性或宗教的意涵。因此，我們在建築框框中，不論是教育、實務及職業心態所融合的建築觀念，均將其推移成建築專業在工商社會的局限之中，可以說建築是相當受惠於工商社會同時也變成既得利益的一環，它只服務於政府與資本家，卻忽略了專業所應擔負的社會或歷史任務。尤其在近四十年來所強調建設與發展，使得建築界只服務於上層社會而成為特殊階級。於是上焉者汲汲營營於自我作品的表現，下焉者就只是利益的追逐，造成長久以來不努力於以整體人民為格局，來進行社會與歷史的貢獻。

建築專業在二二八紀念碑的建碑行為中，應該領略到建築專業必須抱持謙卑的態度，尤其在面對壯闊的歷史長河的經驗中，所進行社會實踐的風險及代價，逼使每個人要十分戰戰兢兢。

基於這些經驗，第三次的事證是二二八紀念音樂會，那次在國家音樂廳，李登輝總統與受難家屬見面，透過了音樂藝術的空間為中介，發酵了歷史作用，不但突破舞台上的區隔，亦突破長久以來二二八陰影所造成的結構性社會隔斷，而成為執政者親自向受難家屬道歉的歷史場景。

基於這三次不同向度歷史角色的空間，成功地讓執政者

面對二二八事件，也開始進行二二八重建的經驗。更透過掌握空間的歷史與社會性，益發使二二八面貌明朗，並借助一些機會在文化與建築交叉應用下，界定空間的歷史價值。

此次在新公園建二二八紀念碑直接的挑戰，便是建築界承襲的職業心態尚未破除。大家都知道，台灣的建築教育受包浩斯以來限制性的影響，相當強調工藝特性，也可以說是去人性、去歷史性。直到今天，建築專業都還不是台灣社會與歷史的一股正向助力。

傳統建築專業有待解放

在二二八建碑的過程中，我自己有很多收穫，很清楚地看到，建築不再只是像文藝復興運動以來，總是在文化藝術運動之中處在吊車尾的地位。可以說，透過二二八紀念碑的建碑，以實質的空間模式進入了歷史舞台，並且領先了其他文化專業，如文學、音樂、美術……等等。

首先從二二八紀念碑的基地談起，所有的專業者都知道，一座好的建築物必須要在好的基地才能經營，同時也要有好的生態過程，所以二二八紀念碑這樣的歷史空間，原本希望基地的選擇、競圖辦法的訂定、設計的過程、甚至評審的心態，都能有專業性的覺醒。但事實上我們了解，在這樣的過程中，我們看到的仍是處在一種被動而無能的狀態，很少有專業者想用一種積極的態度來改變不滿意的現狀，反而是在不滿意的現狀中採取一種聰明而投機的生存法則。

比如說，在競圖辦法公布的時候，我們曾提議各大專院

校鼓勵學生，將此案作為學習的設計題目，但這樣的歷史建構的空間仍遭到許多學校，以政治性理由加以排斥。還有比如說參賽的作品，許多的設計者面對苦難時在創作上仍是手足無措，一方面囿於人為的創作潔癖，卻又茫然於歷史，顯得既驕傲又無知，是否願意思想一下，開始推動一場台灣建築自覺運動。

「台灣」建築自覺運動的起點

或許在二二八紀念碑建構的要求之下，我們的社會及專業都還沒有預備好，也還沒有心理準備，但是如今在不得已面對時，要以「台灣人民為主體」的文化工業的火車頭自許。

若能以較正當而健康的角度來看待，二二八紀念碑必須承載安慰台灣人民的悲苦，化解族群的衝突，開創民族心結的歷史任務，它有其「理所當然」而健康的政治性。如果想達到這個目的，對整個受到心靈扭曲的台灣人民是一項非常嚴酷的挑戰，我們要認識到如何從苦難的血地中擷取「曠世的智慧與勇氣」，使得苦難昇華成台灣人民浴火鳳凰的祝福。

或許這是二二八的苦難賜於建築專業的恩寵，讓這個安慰英靈犧牲所要形塑紀念碑的過程，在面對苦難的紀念形式之中，能掀起深刻的反省運動，從此將這個專業推移到更貼近台灣社會、人民、歷史的脈動之中，如果專業能走到這一步，那台灣人民要向空間專業致敬的時刻就為期不遠了。

（本文原刊於《建築師雜誌》，1993 年 6 月）

為何建立二二八紀念碑？
——其政治、社會與歷史意義

／林宗義

　　二二八事件是台灣近代歷史最重要的事件。衡諸其殘暴的程度、犧牲的慘烈，以及對兩千萬台灣人民的政治命運所產生的嚴重衝擊，人們將會記得這是一樁「東方的大屠殺」。

　　二二八事件爆發於一九四七年二月二十八日。這一天，一群未攜槍械的群眾集結起來，要求台灣省長陳儀秉公處理前一日警方對一販賣香菸的婦人及路人的殘暴行為，當政者卻用機關槍回應他們的訴求。在場的數萬抗議者迅速奔散，留下大約七〇至一〇〇名傷亡者（此數字為估計所得，並無確切數據）。

　　從戰敗的日本人手中接管台灣的新政府，施政頻出差錯，人民本已心生不滿，二月二十八日的暴力鎮壓便引發了遍布整個城市的抗議行動。於一九四五年第二次大戰終了後，台灣人脫離日本殖民統治，「回歸祖國懷抱」的欣悅之情，並未得到正面的回應；相反地，他們發現，第一任省長陳儀視台灣人為次等公民，公然處處優待外省人，歧視台灣

人。新政府的官吏貪瀆腐敗，施政既多差謬又乏效率，警方和司法體系無能的程度亦令人震驚。此外，工業和農業生產與分配久久不能恢復正常。總之，享受了數十年相當高的生活水準的台灣人，此時陷入了社會混亂和隨之而來的生活匱乏與不便。就是在這種政治和社會氣候下，二二八事件爆發並形成全島性的抗議運動，目標為「改革政府」、「人民不分出身、籍貫一律平等」。

這次「反政府」的抗議運動，發生了不少反外省人的行為是令人遺憾，但也可說是無法避免的。敵視和暴力的事件一再傳揚開來，使得全省各地的失序狀態更加惡化。台北市率先成立處理委員會，試圖與政府合作，以研擬恢復秩序、改革政治的方案。政府一面派代表應付二二八公民委員會，一面祕密電請蔣介石派強力軍隊「緝平叛亂」，其實台灣全島所發生的大小事件，不能以「叛亂」稱之。

當年三月六日，兩師裝備精良的軍隊抵達基隆港，其後，政府便實施戒嚴法，並展開有系統的「緝亂」行動。這批武裝軍隊將全島置於軍事控制與恐怖氣氛之中，其作為包括：1. 消滅參加處理委員會的台籍領導分子；2. 消滅台灣色彩濃厚，或政治觀點與國民黨相左的各界台籍領導分子，包括政治、經濟、法律、教育、新聞、文化、宗教、社團等等領域；3. 消滅未來的領導分子，例如學生或青年領袖。根據官方調查團的報告，一九四七年三月十日至五月十七日的八十天當中，據估計損失（死亡或失蹤）共達二萬八千人。

隨著大屠殺與殺害台籍精英所造成的真空而來的，是

「清鄉」及長達近四十年、世界最長的戒嚴時期，厲行嚴酷的政治壓制與迫害。受難者及其家屬生活在恐懼之中，備受騷擾和歧視，許多人甚至因而被囚禁或喪命。全島都在軍警的監視之下，言論自由被剝奪，任何集會都受政府嚴格管制，言辭只要稍涉及二二八事件或批評當政，便會遭致懷疑，甚至受到嚴重的騷擾和懲罰。此外，所有公開集會或媒體都禁用台語，而且所有強調本土文化的民間活動都受申誡或禁止。

　　所有媒體都受到嚴格的檢查，所有電視節目也都受政治與軍方掌控；電視頻道沒有一個是台灣人營運，以台灣本土語言播放的。如此一來，導致二二八事件的省籍衝突，在過去四十年間不但未能寬解，反而更加變本加厲。我們可以說，今天台灣所顯現的政治、社會病兆，如外省人與台灣人之間的互不信任，台灣人害怕參與政治，台灣人喪失自尊而欠乏文化創造力，台灣人失落政治認同與社會正義感等等，都是二二八悲劇的後遺症。

　　台灣人對其政治處境與二二八事件之深遠影響的體認，促使陸續有一群有心人士於一九八七年發起「二二八和平日促進會」及一九九〇年舉辦「二二八平安禮拜」，以期公義和平地化解其悲劇。此運動受到台灣各界領導群的廣大正面回應與支持，並激發一連串對此事件的紀念活動，終於促成二二八受難者、家屬暨關心人士組成〈二二八關懷聯合會〉。該會於一九九一年二月正式向李登輝提出五項訴求：

　　1. 公布有關此事件的一切真相與政府檔案。

2. 建立紀念碑於台北市中心。

3. 賠償受難者或其家屬。

4. 成立紀念基金。

5. 為政府的罪證向無辜受難者道歉；將每年二月二十八日定為「正義與和平紀念日」。

政府為此成立一個二二八專案小組，並且組成研究小組負責編輯「官方報告」事宜。這份共計十二冊之多的報告於一九九二年二月出版，內中明白指出政府（省長、軍隊司令、憲兵司令、高雄要塞司令）應對暴行負責，並提示當時身為政府首長的蔣介石亦應分擔罪責。

同時，由於多位民間著名學者也分別就這個主題發表研究報告，激發大眾的注意，因而產生一場又一場有關此事件的各個面向討論，不論是公開或私下進行的。接著，一九九二年二月二十八日舉行的「二二八全國紀念音樂會」，為二二八悲劇的解決注入一股特別的動力。這場音樂會由李總統親自致辭，他發表了一段深具感召力的演說，並且向每一位受難者的遺孀握手致意。李總統此舉揭開台灣歷史的一個新紀元，此後有關二二八的談論將不再是可怕的禁忌。

「二二八專案小組」的另一主要工作，是在台北市建造二二八國家紀念碑，該委員會並為此而成立一個獨立的委員會，來掌管國家紀念碑的有關事宜。

此建碑委員會的第一項工作是紀念碑地點的選擇。它從十五個候選地當中挑中台北新公園，因為它位處市區中央且富於與二二八悲劇相關的歷史背景。新公園就在總統府對

街，而且鄰近許多具有歷史意義的建築物，包括台北賓館、台北放送局（原中國廣播公司）、省立博物館、台大醫院、台北市議會、台灣銀行、公賣局等等。

新公園雖地方不足，卻為台北市中心地帶居民提供了很好的綠化環境，可供散步、運動之用。擇定建立紀念碑的地點位於公園中央，就在露天音樂台附近，後者正可利用為與二二八相關的活動或集會的場所。因此之故，我們有必要重整紀念碑周遭的景觀。

二二八紀念碑應有下列功能：

1. 用以紀念受難者並安慰其家屬。

2. 用以見證正義與寬宥——寬宥統治者以往所加諸受難者及台灣人民的不義、暴力與壓迫。

3. 用以表達希望與化解省籍情結乃是台灣民主的基礎，在這個地方，各種不同的團體都能出頭，而受難者所流的血將繼續為台灣社會正義的重建提供所需的能源。

在此必須提醒大家，台灣許多縣市已紛紛計畫建立二二八紀念碑或紀念公園，例如高雄市、高雄縣、台北縣、台南市和基隆市等，嘉義和屏東兩縣則已率先完成了紀念碑，這股遍傳台灣全島的熱忱，令我們相信隧道的盡頭已經在望，對二二八悲劇的解決，另有一項進行中的活動也深具重要性，那便是立法院正著手訂立法案，以賠償受難者及其家屬，對此，〈二二八關懷聯合會〉也積極參與，以期早日給予受難者家屬公正的賠償。

最後必須再一次強調的是，將於台北新公園闢建的二二

八紀念碑將成為全國性的紀念碑，其所代表的意義將永遠存留於台灣歷史中。

（本文原刊於《二二八關懷雜誌》第 6 期，1992 年 4 月）

● 二二八紀念碑評審委員會合照，其中有夏鑄九（左三）、陳錦芳（左四）、陳三井（左五）、陳其寬（左六）、翁修恭（右四）、林宗義（右三）、高而潘（右二）、蘇南洲（右一），1993 年。

李登輝總統二二八道歉文全文

——二二八紀念碑是歷史悲情終結 也是國家步入嶄新階段里程碑

／李登輝

　　朝野期盼的二二八紀念碑在今天落成了，登輝內心的感受難以言宣。將近半個世紀以來，深印在國人心中的那道傷痕與烙印，終於得以平撫，實在值得欣慰。這座匯聚民間和政府眾多善良心靈而成的紀念碑，激發我們面對歷史的勇氣，啟示我們面對歷史的智慧，提醒我們不再重蹈歷史的錯誤，同時也象徵著我們告別歷史悲情的堅定決心。

　　登輝曾經親身經歷二二八事件，多年以來，始終為這件可以不發生卻終於發生、可以免於擴大而終於不免擴大的歷史悲劇，感到萬分哀痛。這件不幸事件戕喪許多社會的菁英，蹂躪許多生命的尊嚴，阻隔人民與政府的親和，壓抑人民對國事的關懷，延緩社會的進步，國家的整體損失難以估計。今天，罹難者家屬和子孫能親眼看到這座彰顯歷史公義，啟示族群融合的二二八紀念碑矗立在寶島的土地上，親耳聽到登輝以國家元首的身分，承擔政府所犯的過錯，並道深摯的歉意，相信各位必能秉持寬恕的胸懷，化鬱戾為祥

和，溫潤全國人民的心靈。只可惜部分受難家屬，已離開人間，沒來得及看到這座紀念碑的完成，令人深感遺憾。

政府是為人民而存在，要為人民創造可以安居樂業的環境，提供人民得以發揮長才的機會，以達到老者能安，壯者能用，少者能懷的境界。目前，我們國家在民主化、自由化的轉型中，正朝著理想的境界一步步前進。然而，不容諱言，我們也有歷史殘留的包袱，等待朝野共同發揮智慧，合理紓解。登輝認為，一個負責的政治人物必須坦然面對歷史事實，勇於承擔歷史的誠實態度，也顯示我們有勇氣、有信心，攜手走出陰霾的過去，迎向光明的未來。但是，我們也不能只以建造這座紀念碑為滿足，歷史真相的公開、受難者的國家補償、紀念日的設立，以及國人心靈的重建和人格尊嚴教育的推動，都有待我們在近期內一一展開，逐步實現。此外若尚有考慮不周之處，也盼各界賢達不吝賜教。

這座紀念碑不但是歷史悲情的終結，國人心靈淨化與人格尊嚴的提昇，也是我們國家步入嶄新階段的里程碑。今後我們還有更艱鉅的任務：我們要更加發揚鄉土文化，激發國人對這塊土地的認同與熱愛；我們要投注更多的心力推動司法與教育改革，使法治精神與民主政治緊密結合，建設人盡其才的現代化社會；我們也要倍加珍惜我們的家園，保護我們的生活環境，成為人間淨土，我們更要透過各項學術研究與文化活動的推展，促進族群融合，凝聚同舟一命的共識。這些工作對我們社會未來的發展，影響深遠，登輝懇請社會各界共同參與，一起為後世子孫營造美麗的遠景。

今天，二二八紀念碑昂然矗立在深具歷史意義的台北新公園，沒有怨恨，沒有悲情，像一座歷史的警鐘，時時提醒我們走出歷史的悲劇，時時告誡我們要不分族群，彼此疼惜，相互祝福，以開放的胸懷，穩健的腳步，共同經營大台灣，凝聚成休戚與共的生命共同體。

從今天起，歷史的悲情與苦難的記憶，不再是籠罩國人心頭的陰霾，而是激發國人開創美好前景的動力。二二八紀念碑正是象徵我國政治民主、社會自由和民生幸福的燈塔，溫煦的燈光將永遠照亮人心，指引我們奔向充滿希望的未來！

編案：

一九九五年二月二十八日，李登輝總統以國家元首之身分在二二八紀念碑落成典禮上，明確地代表政府向二二八家屬及國人道歉，無論是中國五千年還是台灣四百年，這對死愛面子的漢民族而言，都可謂之「奇蹟」，也絕非一九九〇《曠野》投入此一事工時所能預料；如今歉已道、碑已立，茲將幾篇相關重要文獻刊載於後，也算是《曠野》不作歷史局外人之一註腳。

（本文原刊於《曠野雜誌》64 期，1995 年 4 月）

公義與寬容的見證
——林宗義博士於二二八紀念碑落成典禮上代表家屬致辭

／林宗義

　　今天是宗義一生都不會忘記的，四十八年來，壓在心內的悲傷與痛苦似冰塊遇著太陽融化昇華，而同時覆蓋在我的腦袋上厚厚之陰影，如大霧被一陣南風吹散，而陽光的溫暖使我真實地感覺生命活在世間的歡喜，好像被清淨的微風叫醒，我再度認識到活在此世間於此塊土地叫做台灣的價值。

　　李總統的致辭帶來給我們受難家屬最大的，也是我們期待最久的禮物，即以公義與公道來安慰我們時時刻刻不能忘記的親愛先人在天之靈，還給他們應有的尊嚴與歷史的定位。

　　站在此一紀念碑前，宗義有三項祈願：

　　1. 在天的先人之靈鑑納我們的誠意，而給我們較大的勇氣與智慧來面對及處理現實的諸多問題。

　　2. 見證公義與寬容，特別是寬容過去統治者所加諸於受難者與其家屬及所有台灣人民的不義暴力與壓迫。

　　3. 化解省籍情結，將受難者所流的碧血作為照亮台灣社

會民主前途所需要的能源，將受難家屬的悲情化作光明的力量，努力為後代子孫爭取希望與尊嚴。

站在此地而面對這幾年來苦心努力建立的二二八紀念碑時，其「有碑無文」的現實迫我說幾句話，這是血淋淋的話。此現實來自國人對二二八事件所造成之暴力鎮壓所帶來慘痛的死傷，受害家屬四十年以上的非人道痛苦與屈辱，因長期白色恐怖所引起之鄉土文化的摧殘，教育的偏差及政治法制的腐化等缺乏深刻的理解與共識。二二八事件發生的主要原因在於統治者對被統治者的心態，文化的矛盾及不同省籍族群因處境不同所引起的互相不理解，互相不信任，好像平行線一般缺乏交集的心態，依然延續到今天「有碑無文」的結果（雖然這幾年來政府及民間的努力已可見不少改善）但是我相信此種心態如有意努力是可以改善的，且可以達到深刻的理解與共識。我們家屬會與歷史學者們共同參與努力此重要工作，而於最近的未來找出全國人可接受有共視有意義的碑文。

最後，我再度表達對李總統幾年來的關懷與今天的重要致辭無限的謝意，向各位社會賢達關懷者包括朝野兩黨的先覺之士，以及所有同甘共苦的受難者與受難家屬，這幾年來的合作協助與鼓勵表示我衷心的感謝。我們很需要每一位的鼎力相助，才能在最短期間內達成真的二二八公義與和平的終極目標。

謝謝！

（本文原刊於《曠野雜誌》64 期，1995 年 4 月）

勇於面對黑暗才能走向光明
──二二八受難家屬代表致國人公開信

／林宗義

　　值此二二八紀念碑落成前夕，宗義這幾年來為化解二二八事件所遺留的悲傷與陰影四處奔走，在眾家屬與關懷者合力支持與鼓勵下，尤其是承蒙李總統的善意關懷，終於在多方折衝之後，得見二二八運動公義與和平的目標初成，內中實在感謝與感慨萬千，興建紀念碑一事乃四年前多位受難家屬與宗義向李總統所提出五項訴求之一，亦即行政院二二八專案小組之工作目標，如今一一予以分別回顧：

一、真相公開

　　自民國三十六年二二八事件發生以來，尤其是經過清鄉及長達三十八年的戒嚴實施，此一慘痛的歷史真相一直被埋在檔案或人民的記憶裡而不得公開，家屬不論在精神上或生活上的痛苦皆無處伸冤求告，甚至將「二二八」視為一大禁忌，所以我們要求政府公布真相為化解此一慘痛歷史陰影的第一步，專案小組為此另設研究小組，經過歷史學者一年的研究後，於八十一年間提出上下二卷研究報告，相當有助於

瞭解二二八發生的原因、經過及死傷情形。

二、賠償

賠償條例的審議已在立法院通過一讀，其中賠償金額及元凶之追究尚在協商當中，可望在本會期中完成立法程序。

三、建碑

在民國八十一年初，由專案小組下設建碑委員會，負責紀念碑之基地選取、國際競圖及設計施工、歷三年之久在台北市中心之新公園建成，其意義應具備如下幾點：

1. 紀念受難者並安慰其家屬，特別是家屬所經歷近半世紀的屈辱煎熬，其痛苦實非常人所能想像。

2. 見證公義與寬容，特別是寬容過去統治者所加諸於受難者及台灣人民的不義暴力與壓迫。

3. 化解省籍情結，將受難者所流的碧血化作照亮台灣社會民主前途所需的能源，將受難家屬的悲情化作光明的力量，努力為後代子孫爭取希望與尊嚴。

在此，宗義特別對政府、受難家屬及關懷者提出幾項不同請求：

一、請政府繼續努力完成李總統所應允家屬之訴求：

1. 檔案之公開及真相之交代，宗義相信還有不少檔案尚未公開，還埋藏在有關單位的倉庫裡，受難者家屬有權知道受難者受害的理由、經過及埋屍之所在。宗義在官方完成二二八研究報告之後，尚透過民間力量進行口述歷史，至今已

完稿八冊成書；如以政府之力，應可更有進展才是。

2. 賠償修例之立法應盡早完成，以示公道之歸還；需知二二八遺孀已是風燭殘年，實不堪久等；近幾年間正快速凋零之中，正義之到來不宜再延遲。

3. 對追查元凶一事應經法律途徑處理之，不應以超過法律追訴時限而加以拒絕，需知所謂法律追訴時限正處於長達三十八年的戒嚴時期；再者，對於曾遭重大損失之家屬應另闢一法律途徑，讓他們有機會提出訴願。

4. 應建立一所二二八紀念館以收藏相關圖書資料及紀念品，並提供歷史研究與集會場所。

5. 每年二月二十八日應設為國定紀念日，以資提醒國人當致力於族群融合，並建設台灣為民主自由的國度。

6. 應設立一文化教育之基金會，以接續因二二八而斷層的台灣本土文化，打破長期對公共事務的冷漠，努力教育善良風俗，以期國家之再興。

二、請家屬放下報復的苦毒，化悲憤為再生的力量。

宗義相信家屬已受苦夠久了，我們能經歷那段痛苦的煉獄存活至今已是奇蹟，只有受到上蒼特別的恩寵，至今才能站起來，我們都是光榮的生還者，雖然我們不能忘記過去的痛苦，但是我們大可將此餘生活出快樂希望的意義。在此以家母在世曾勉勵宗義的話與所有受難家屬分享：「宗義，我知道你的腦海裡難免有報仇等字句在引誘你，你需知歷史的殷鑑是：報仇一定會引起反報仇，而反報仇會再引起反反報仇，這種惡性循環是冤冤相報，也是悲劇生悲劇……宗義，

我告訴你最好的報仇是『教育你的敵人成為一個有愛心、講道理的人』，這樣我們才可在地上建設樂園。你最好全心全力集中在學問上，而以學問教育下一代成為一等國民吧！」

三、請關懷者接受受難家屬最大的敬意與謝意，因為你們的支持與鼓勵才有今天的局面，否則宗義與眾家屬尚在那悲慘痛苦的黑暗當中，掙扎摸索而找不到一條出路。

台灣過去四十年的痛苦歷史，不但給我們受難家屬也給所有在台灣生長的每一個人，刻上不同的傷痕及陰影。我們受難家屬仍需要你們繼續支持與鼓勵，共同以二二八的經驗為鑑，將台灣建設為一族群融和、多元文化、自由平等及民主風範充滿於教育、人文藝術、政治、經濟與科技的社會，使得男女老幼都能明朗快樂地生活在和平樂土與美麗國度裡。

在整個追求二二八公義和平實現之過程中，宗義十分遺憾由於部分人士未能領會李總統關懷二二八，化解省籍情結的苦心孤詣，以致出現「有碑無文」的情形，宗義衷心盼望李總統早日代表黨國為二二八此一歷史悲劇向國人道歉，並儘速完成全體國人有共識的碑文，展現我國面對錯誤的大勇氣與大智慧，也好讓國人及早攜手努力於開創未來的光明前景。

（本文原刊於《曠野雜誌》64 期，1995 年 4 月）

6

• 蘇南洲與二二八受難者林茂生之子林宗義博士（右）。

專訪

心靈重建的工程師
——溫柔地改變你的敵人

/李玉霞

每一塊地土，都有着她的傷痕。只要你摸進她歷史的肌理，總會找到糾結其中的傷口，有些已結疤，成為印記；有些卻仍在淌血，發膿不止。

前人付出血汗之地

甫踏上台灣的土地，我們看見比香港天高氣清的藍天；跟當地的年輕人交流，我們聽到新一代的民族自尊，自信的臉龐上沒有丁點的奴性，臭罵總統的銅臭，不向經濟大國下跪。看見香港人如我們，總是流露憐憫同情，「我們不想走你們的路」。聽到這話，我心中有一個傷口隱隱在作痛。

「你們羨慕台灣，想來移民。但你們不知道這塊土地之所以叫人羨慕，是由於前人付出了許多血汗。」蘇南洲一臉嚴肅，也半帶輕鬆地問：「台灣人肯為自己的土地去死，香港人怎樣守護自己的土地呀？」

蘇南洲，台灣〈曠野雜誌社〉的社長，昂藏六呎的巨人，走過台灣的紛亂，參與其中重建。他說話，招招切中要

害，迫令我們放下港式膚淺，低頭看腳踏的土地。

台灣的過去，香港的未來？

翻看台灣的歷史，瞥見香港的影子，你的過去，我的未來，叫人混淆；那種命運的重複與交疊，也叫人抹汗。台灣的回歸，在一九四五年八月十五日，日本五十年殖民統治結束，同年十月二十五日，民眾熱烈慶賀大陸國民政府的接管；但一年多後，期待落空，承傳了日本法治制度的台灣人，受不了國民政府的貪污腐敗。當民不聊生、憤怒累積時，二二八事件爆發，全台約兩萬名社會菁英及青年學子，竟在一個多月內「被消失」，本土的領導階層被掏空；接着是四十三年的白色恐怖時期，稍有多言的，都變成政治犯。

誰也沒想過，這個不少香港人想移民定居的台灣，在一九九二年之前，仍是全球政治犯最多的島嶼，有着一個比六四事件更深的傷痕。

腳下真是一片血地，誰敢亂動？

「你們要訪問二二八受難者的家屬嗎？你知道你撩動別人的傷口，他們要多少時間才能平復？」不是的，我們是急着想找個人，幫助我們了解台灣在一九九〇年代怎樣為二二八這傷口止痛療傷。

走進蘇南洲〈曠野雜誌社〉的辦公室，看見偌大的房間紙箱處處。他找着其中的幾個，跟我們一起打開尋寶，尋找一九九〇年代的剪報與文件。「搬了辦公室後，這些資料都放着封塵，沒想到第一個要找這些資料的，竟是香港人。」

從一九九〇年籌辦「二二八平安禮拜」，到一九九五年

李登輝在二二八紀念碑落成典禮上為二二八事件道歉，一九九七年二二八紀念碑碑文完成。有八年時間，他是整個運動的策畫者，也是前線作戰的推動者，進行了二二八心靈重建的工程。

但你問台灣人，或是搜尋二二八的資料，卻難找到「蘇南洲」這名字。對此，他只是笑笑：「李登輝當年的道歉文，寫得好嗎？是我給他打的草稿。」

蘇社長不介意自己的名字很少被提及。「我要做的已做了，也不想留個名，要被人臭罵嗎？」他說，他不是政治人，也不是顛覆者，只是耶穌的門徒，要把罩着台灣的烏雲除去，讓這地有平安——這是他的定位，也是他的界線。

認清傷痕的主體

從小，他就感到這片烏雲厚厚，每次不知誰說漏了嘴談到二二八，家人就驚恐地說：「不要講！」台灣解嚴後，台灣基督長老教會第一次公開舉行二二八追思禮拜，他到場參加，難忘後排幾位老人家的臉容——白髮蒼蒼，不斷抽泣，臉上流露着化解不了的鬱結和怨懟。

「這是一個怎樣的傷口？它的鬱結在於，打你殺你的，本是服務人民的政府，你在威權下，只能噤聲，沒有超越的人可以給你主持公道，你也不知道這種事何時會再發生。」這種集體的恐懼愈晚消除，傷口就繼續含膿潰爛，社會就愈難有平安。蘇社長忽然問：「香港人關心六四，但你們有問清楚六四的主體是誰？他們需要什麼？」

對於他，主體永遠是受難者家屬。「家屬最想要什麼？告訴你，就是：我已經失去一個爸爸，我不要再失去一個孩子。」他們心底最渴求的，不是平反，而是平安。

一九九○年代初的台灣，雖然是解嚴了，但白色恐怖的陰霾未散，當年三十七歲的蘇社長，仍是決定要打開二二八這心結。他以〈曠野社〉的名義，籌辦「二二八平安禮拜」，有人罵他是政教不分；也有人擔心他觸動台灣政府的神經，說他是「提着人頭辦事」。當年，他家的電話真的長期被監聽。

「被監聽是可以預料到的。這又如何？醫生看見病人受傷，能說『噢，對不起，這傷口是因政治因素造成的，我不管』嗎？你只能選擇去醫治，基督徒看到受苦的人，不能把頭撇過去，更何況我哪有搞政治？我辦的是宗教崇拜、繪畫比賽、放氣球呀……」

溫柔地改變你的敵人

在整個二二八心靈重建的工程中，蘇社長沒說過一句平反，沒有舉辦過任何遊行抗爭。「你喊平反，平反就是叫執政者打他政治祖宗的嘴巴，誰能這樣做？你要知道解決問題的鑰匙在政府手上。你要用腦想辦法，怎樣才可以讓執政者拿出鑰匙來？」

「我用的是 soft approach。你要真想處理人內心平安的問題，不用宗教還可以用什麼呢？」

有一次，在他與二二八家屬在團契聚會時，有一位二十

歲剛出頭的青年人出現。「一九四七年時，他大概還未出生吧。原來，他是爸爸派他先來的，為要了解是否安全。」以前，作為二二八受難家屬，並不是什麼好名聲，反倒像個麻瘋病人，叫人避之則吉。蘇社長說：「我就是希望讓受難者的血，成為滋潤台灣的瑰寶；受難者的名，成為榮耀。」這，其實是一種救贖。

一切要從回復身分（identity）開始。蘇社長的頭炮，就是「二二八平安禮拜」，以二二八的受難家屬為主體，分享見證，由台灣各大宗派的教會領袖跨刀，廣邀各界關懷人士（包括朝野兩黨）出席，共同為台灣求平安。「他們有拒絕的理由嗎？難道他們不希望台灣平安？」結果當天軍頭出身的行政院長郝柏村出席了，會後還向受難家屬一一握手。第二天，所有最保守的軍方政治教材都回收改版了，沒有人敢再說二二八受難者是「叛亂犯」或「匪諜」。「否則，郝柏村就跟匪諜和叛亂犯的家屬握手了。」蘇社長說。

以二二八受難家屬為主體的運動

接著，他為受難家屬成立〈二二八受難家屬團契〉，讓他們有代表自己的組織；後來，李登輝總統要處理二二八，找家屬代表對話時，他們就能選出代表，申明五點要求。同時，他亦不斷地講故事，不斷辦活動，清明節、母親節、父親節任何節期都舉辦與二二八相關的宗教與藝文活動，傳媒也就不停報導，直到二二八不再是危險和禁忌。

「四月，我們請二二八家屬把對親人的思念都繫在黃氣

球上，寓意無語問蒼天。」放黃色氣球時，鎮暴警察在場戒備了；當看到小孩都歡天喜地拿着氣球時，他們竟走來說多謝。「他們說報告好寫了：鎮暴的武器還沒先進到能搶下孩子們手上的氣球。」蘇社長笑說，當二二八活動變成這樣有趣又安全的一件事，全台也都談論二二八，政府也就不能忽視他們，受難者家屬才敢走出來接受安慰，他們才能為二二八止痛療傷。

　　「我們不是為了搞活動，我們是在匯聚運動的動能（momentum）。哪怕每個活動只有十五人參加，都會形成壓力。」他說，這比每年一次十五萬人的六四燭光晚會更有壓力。

用 Honor Crown 把對方的善引出來

　　一九九五年，李登輝終於表示願意向受難家屬公開道歉。蘇社長曾鼓勵他說，「你若道歉，就是古今中外的第一人，是全世界第一位未改朝換代的情況下，就公開為前人歷史錯誤道歉的政府領導人。」還為總統的道歉文，起了個草稿。

　　「你讀過《西遊記》嗎？孫悟空戴上了金剛圈，誰知這個 honor crown 是個緊箍咒。」他要台灣政府道歉，就是要為他們戴上 honor crown 後，往後若再出現傷害二二八受難家屬如二二八屠殺自己人民的事，台灣政府就是自打嘴巴了。「耶穌沒叫我去審判人，我不審判人；但幫助做錯事的人走正確的路，把對方的善都牽引出來。你說，這不也是一種傳福音，同時是一種轉型正義（transitional justice）嗎？」

　　「曼德拉說過，你殺掉敵人，敵人有一天會殺你，這不

能造就和平；惟有改變敵人，變成沒有敵人，才能有和平。」蘇社長又把話題轉到香港，他指指自己的腦門，笑說，「所以，香港人不是要換特首，是要換特首的腦袋。」

守住你自己的位分

但要改變對方的腦袋，要有計策，更要清心。「格，我不知廣東話怎說，要有你的 identity，也要有 dignity。」

一九九一年三月的台灣，限制出版自由的「出版法」仍存在，「我申請《二二八關懷月刊》出版，官方原本不讓申請，說我們的出版宗旨不應寫：『關懷二二八受難家屬』，而應寫：『闡揚基本國策』。他要我改，我就反問：『難道關懷二二八家屬不是基本國策嗎？那郝柏村為什麼要和二二八家屬握手？』官方也就不得不讓我將《二二八關懷雜誌社》申請到手並完成登記。」這個《二二八關懷雜誌社》就成為整個「二二八平安運動」唯一的合乎法律規格的單位，也是運動所需建構論述、傳遞理念與廣納社會資源的利器。

1992 年，蘇社長策畫全台灣第一次在國家音樂廳舉辦的二二八紀念音樂會，他是刻意請時任行政院長的郝柏村從原來安排坐在李登輝身旁的席位臨時移到三樓的 VIP 座，而讓受難家屬和關懷者陪同李登輝總統就先坐在舞台上，一開場李登輝總統即先向家屬致辭和鞠躬，得到媒體頭版全頁報導。「我是主辦者，自然有權安排座位吧。」結果，第二天郝院長方面就打電話來說要請家屬吃飯，我答應了，也讓他有機會另外在傳媒面前曝光。

蘇社長說他一向不參與遊行，一是心臟不好，二是他就是弄不清，為何在民主社會，人民的公僕做得不對，我們要走到他家門口去抗議，為何不可以請他來我家，聽我要說的話？「我是主場（home advantage），我要他們 follow 我的 game rule！」

我沒有讓，也沒有不讓

「我根本不需妥協，也沒有寸步不讓。」政治上是一人讓一步，但蘇南洲的棋子都為對方算好了，只做對的事。「基督徒的位分我要守住，但手法是溫柔的。」

建二二八紀念碑一事，最耗精神。我們看見厚厚的一疊文件，討論代表人選，選址的考慮，評選細則等，可以想像每步的艱難。「六八四字的碑文，你猜我跟官方的代表和學者專家們開了多少次會議？三十次，也就是說每次平均只討論出二十多個字。」

碑文在一九九七年完成，一年後蘇社長引退。「我是讀建築的，作為建築師，我早定下五年的工程時程。後來多了三年，是要跟進運作。但接着的是 maintenance 的事，就沒我建築師的分了。」他引退，也是因為受難家屬的五點要求，不能說是完全，但已基本完成了；maintenance 的事，涉及太多政治利益，他沒有興趣把二二八變成任何形式的政治籌碼。

既核心又邊緣的人

「我是既核心又邊緣的人，邊緣因為要保持 critical distance，核心就因為要進入體制去改造、影響她。」要在兩者間遊走，不易，需要清明的心，知道自己的位分。這大概是社會心靈工程師要把握的平衡。

二二八那天，我們走到「二二八和平公園」，細讀那六百八十四字的碑文，想起蘇社長跟我們說的話，心靈不免悸動。「喂，假如你們要做個六四紀念碑，你們會選什麼地方，怎樣設計，碑文寫什麼字？你試試套上六四的字，把碑文讀一次吧。」

蘇社長，永遠留下叫人不易回話的問題。

（作者為《突破書誌》總編輯，

本文原刊於香港《突破書誌》2014 年 5 月號，

《曠野雜誌》得允轉載於 189 期，2014 年 5 ／ 6 月）

〔附加資料〕：「二二八平安運動」的時程紀要

● 8.12.1990：「一九九〇平安禮拜」

　　於世界人權日前夕，由〈曠野社〉發起，蘇南洲為籌備會聯絡人，以「尊重人權‧紀念二二八」為主題，把人權與平安信息連結。參加者近二千人，當年的行政院長郝柏村亦全程參加，引來傳媒廣泛報導。

● 13.1.1991：〈二二八受難家屬團契〉成立

　　探訪受難家屬後，〈曠野社〉邀請二十多位二二八家屬成立團契，隔周定期聚會。同年二月二十八日，李登輝要求接見難屬代表，此團契選出六位家屬代表前往，提出公布真相、道歉賠償、建碑建館、設紀念日、相關文教工作等 5 項要求。

● 26.2.1991：「二二八和平彌撒」

　　於 228 前夕，由〈曠野社〉與〈天主教耕莘文教院〉共同在天主教聖心堂舉辦「二二八和平彌撒」，行政院長郝柏村亦以花籃致意，為第一場以外省人為主體的二二八宗教活動。

● 12.3.1991：「等待禮拜」

　　於立法院旁的台北濟南教會舉行「等待禮拜」，教堂四周樹上繫滿了黃絲帶，表達等待親人歸來的心意。這也是首次以 228 家屬主導的公開聚會。

● 4.4.1991（清明節）：「二二八清明禮拜」

　　4 月 4 日清明節，於花蓮信義長老教會舉辦清明節禮拜，

帶出受難者家人無墓可掃的心情。

● 19.4.1991（二二八後的49天）：「二二八無語問蒼天」空
飄氣球活動

　　是日在台北、台中、嘉義、台南、高雄等五個地方同步
空飄黃氣球，並在氣球上繫以悼念先人的文字，寓意等待家
人下落、等待家人清白、等待台灣前途光明等三大心願，獲
得傳媒廣泛報導。

● 11.5.～10.6.1991（母親節）：「安慰二二八受苦的母親」
全台巡迴音樂會

　　結合各地音樂家在台北、台中、台南、高雄等四個地方
巡迴舉辦音樂會，輔慰二二八遺孀44年來為尋找失蹤丈夫、
擔起家計、含淚鼓勵兒女向學、暗夜飲泣等四大悲苦並傳達
家屬心聲，獲得各界響應。

● 15.6.1991（端午節）：「二二八送艾草及淡水河河祭」活
動

　　與二二八家屬在台北新公園廣場舉辦送艾草活動表達
「除惡務盡」之意，並在淡水渡船頭以菊花河祭二二八英
靈。

● 3.8.1991（父親節）：「我的父親」兒童繪畫比賽

　　與《兒童日報》合辦兒童繪畫比賽，由二二八家屬呼籲
社會「珍惜父親」。

● 3.8.1991：〈二二八關懷聯合會〉成立

　　3月起籌辦《二二八關懷月刊》及〈二二八關懷聯合
會〉。同年5月刊物出版，8月3日聯合會成立，由旅居溫

哥華的受難者家屬林宗義博士為理事長，蘇南洲為執行長，並展開台中、嘉義、台南、高雄與宜蘭五分會的籌組工作，並組成二二八「建碑」、「賠償」、「真象」推動委員會。

- 24.2.1992 「二二八紀念音樂會」

第一次於國家音樂廳舉辦「二二八紀念音樂會」，首次不以唱國歌開始，並邀得李登輝總統致詞，向台上二十二位受難者的母親鞠躬致意。全場座位約二千個，其中四百個座位留給二二八受難家屬，另有近七百名國安人員進駐現場。

- 26.2.1992 「二二八紀念美展」

首次與台北誠品畫廊合作，展覽台灣畫家關於二二八的畫作，以美術活動撫平傷口，展覽所得捐贈給〈二二八關懷聯合會〉。

- 26.2.1992 〈行政院二二八紀念碑建碑委員會〉成立

四月間，在蘇南洲結合建築及相關專家以歷史意象、都市中心性、空間開放性等五條件，提出二十頁評估報告，與副召集人林宗義合力爭得臺北市新公園為二二八紀念碑碑址，並將該碑之設計徵選擴大為國際競圖，從近三百件作品中選出現今之成品，原召集人邱創煥請辭換人。

- 28.2.1995 「二二八紀念碑」落成，李登輝正式道歉

二二八事件四十八週年，紀念碑竣工落成，於台北新公園揭幕，當時的紀念碑仍未寫上碑文。李登輝總統為台灣政府於 1947 年的暴行，向全國人民道歉。一年後，台北新公園改名為「二二八和平公園」。

- 7.4.1995「二二八事件處理及補償條例」公布

處理及補償條例公布，並於同年十月生效，開始處理受難家屬補償申請。

- 12.1995 〈二二八事件紀念基金會〉成立

行政院成立〈財團法人二二八事件紀念基金會〉，受理二二八補償申請、核發補償金，同時持續舉辦各種紀念活動、真相調查與實地訪察等事宜，林宗義與蘇南洲皆為創會董事，訪慰各地難屬並參與碑文擬定。

- 28.2. 1997 碑文揭幕、「二二八紀念館」落成

二二八事件五十週年後，紀念碑六百八十四字的碑文才揭幕。同年，台北二二八紀念館落成。九八年，蘇南洲退任基金會董事工作。